Celestial Dreams

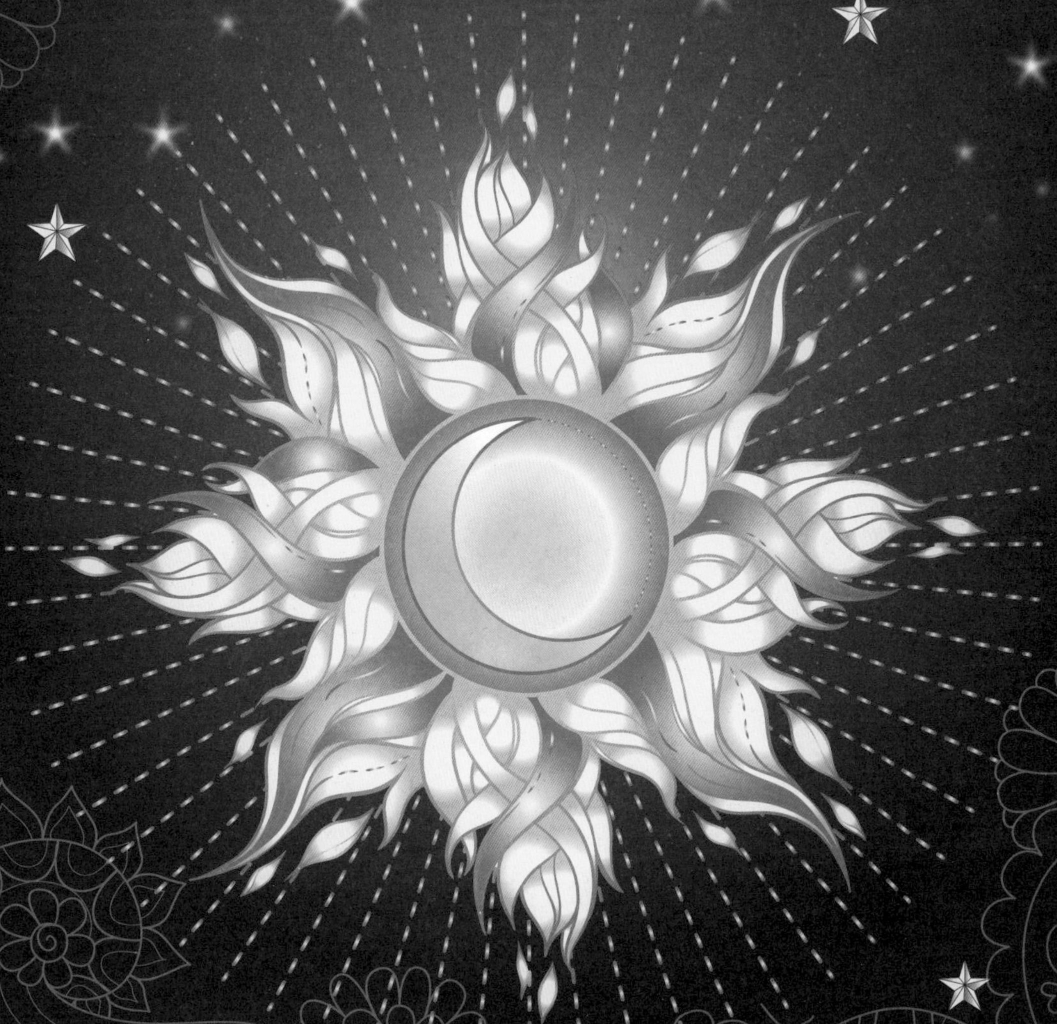

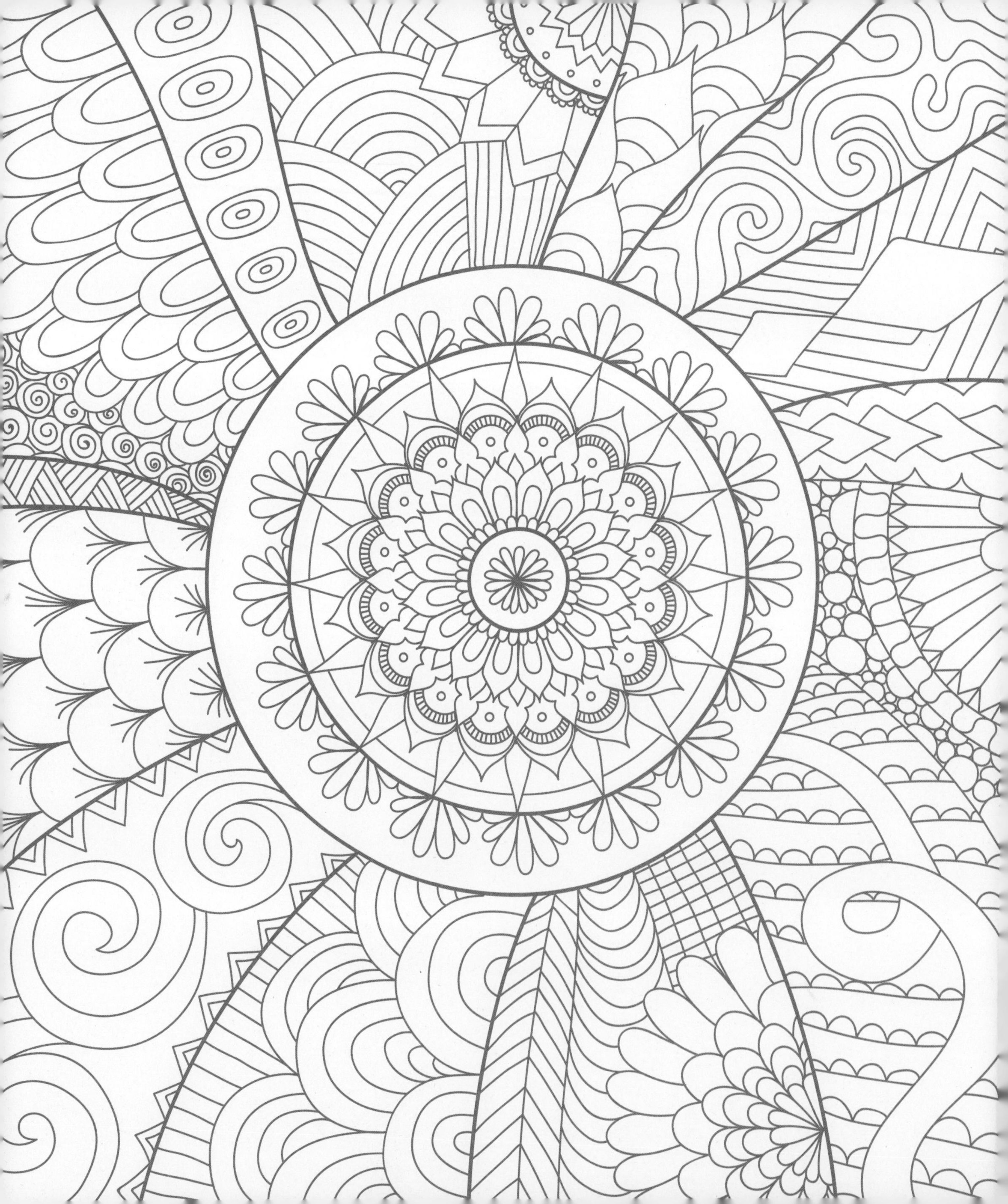

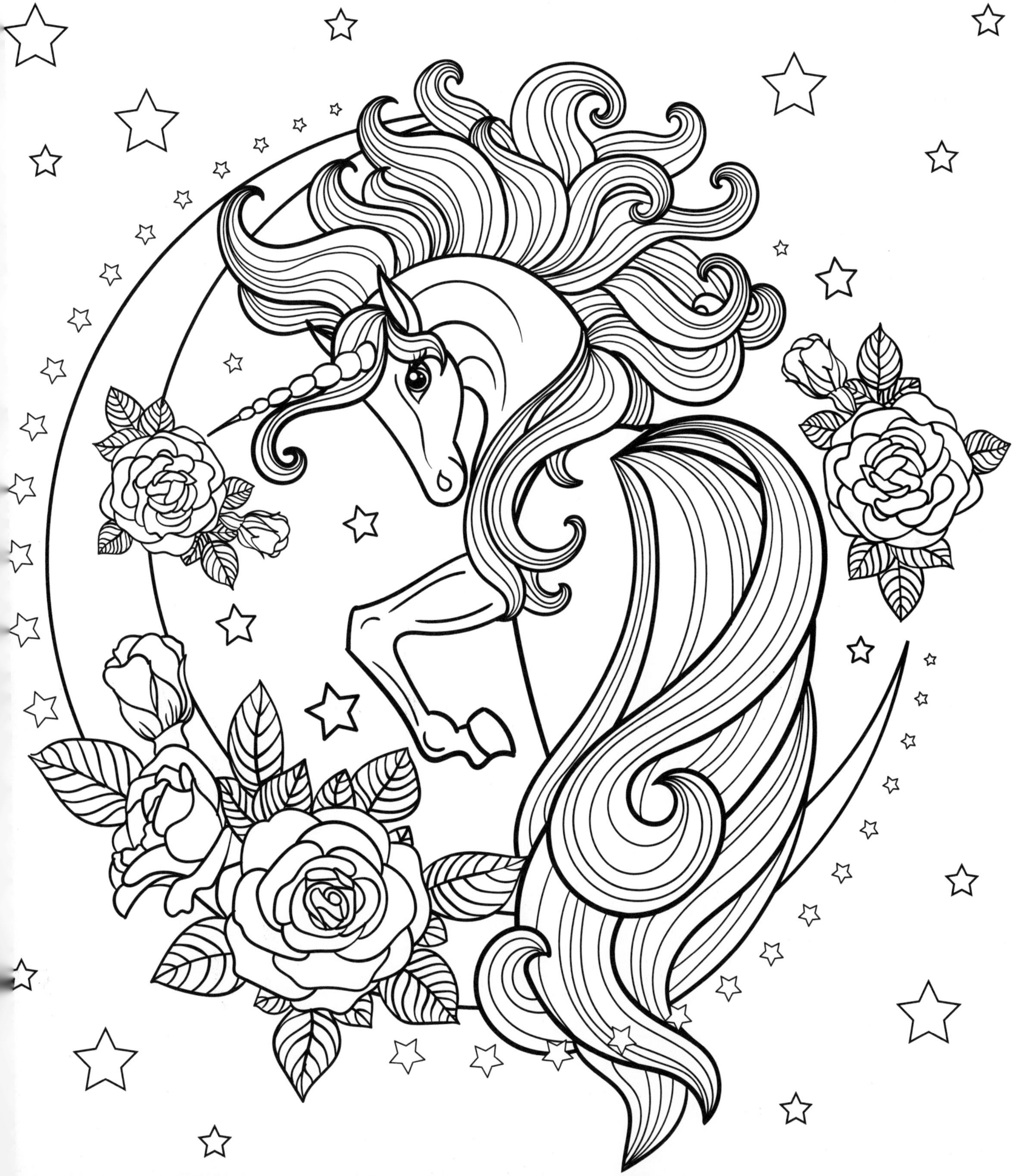

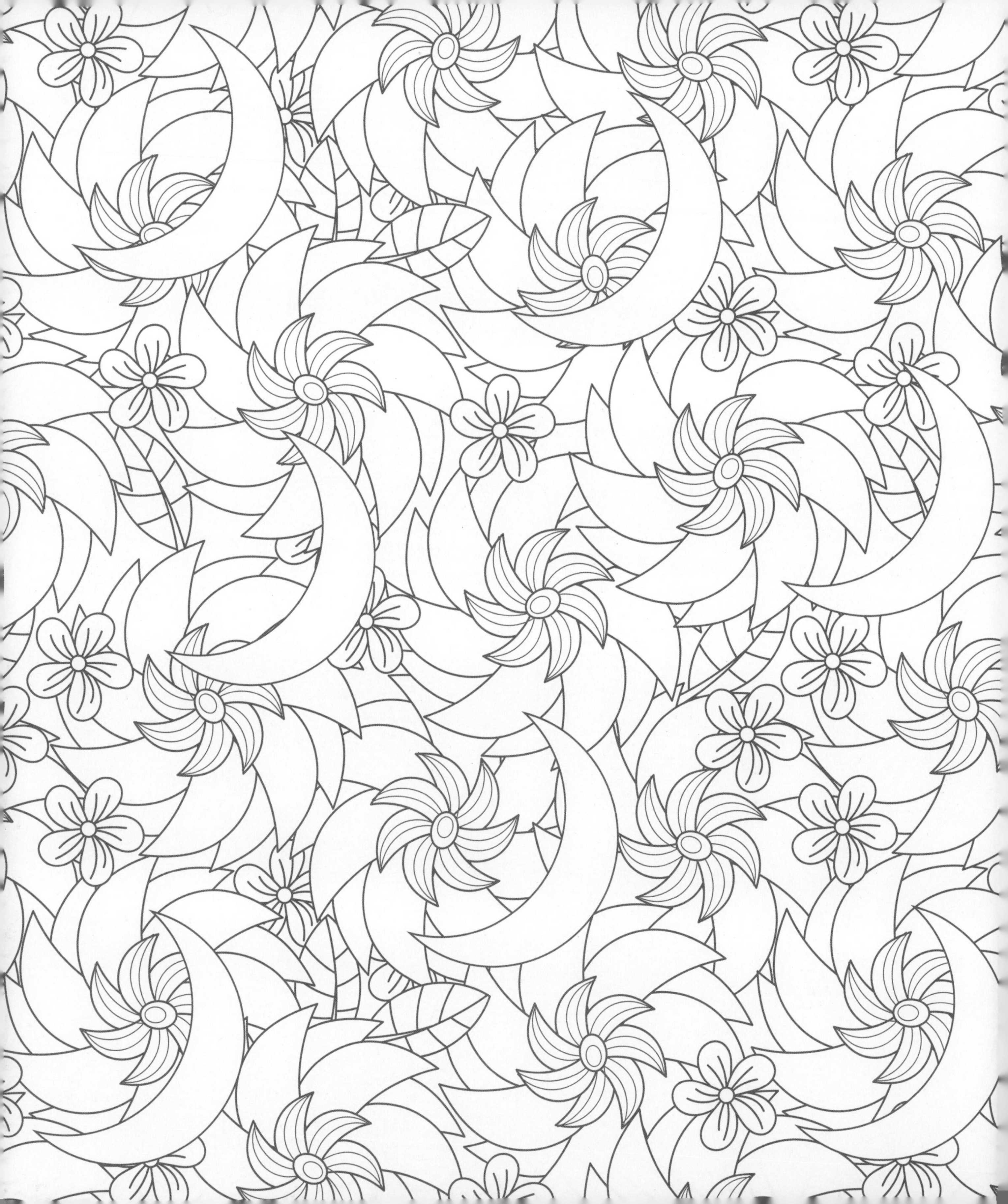

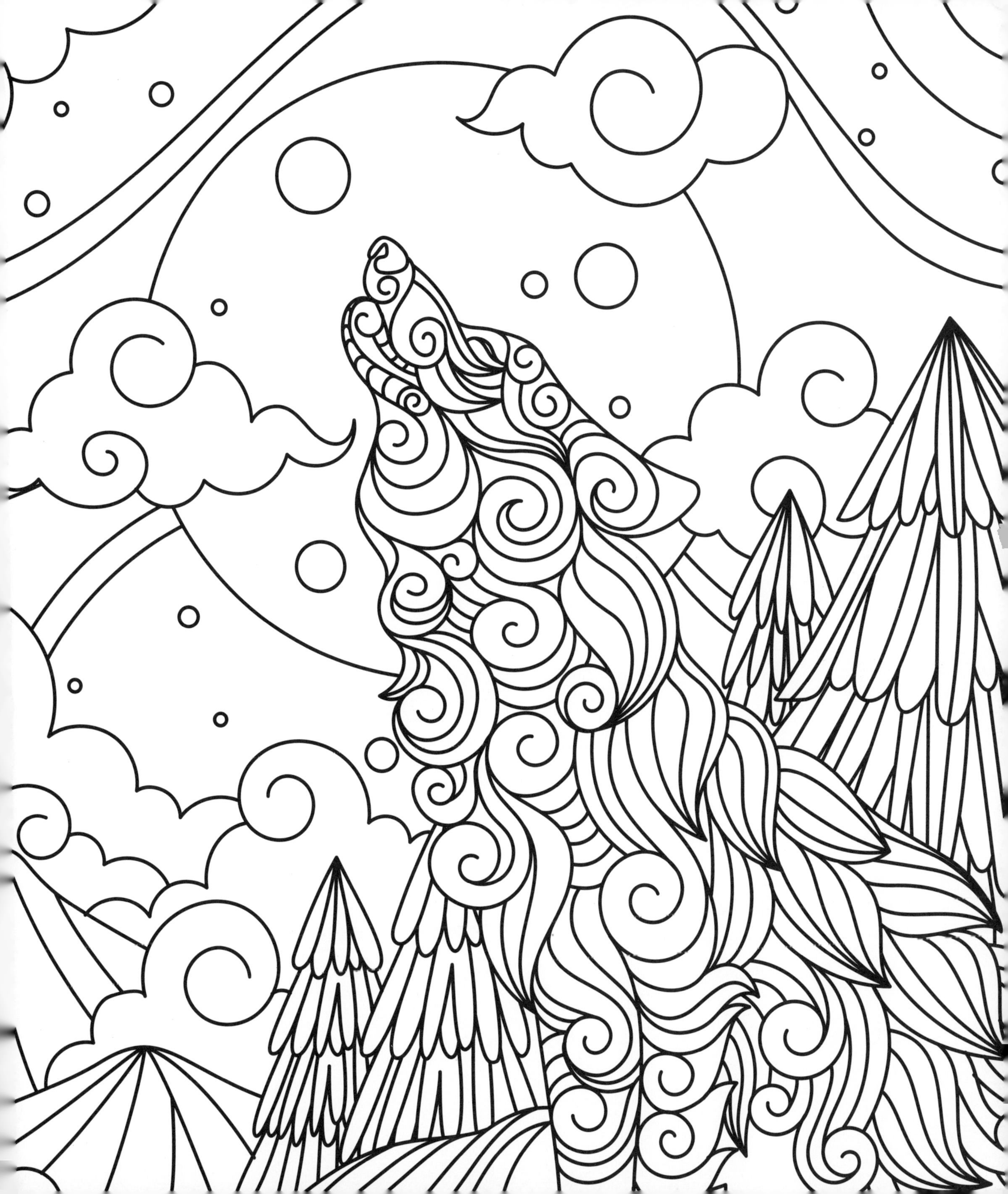

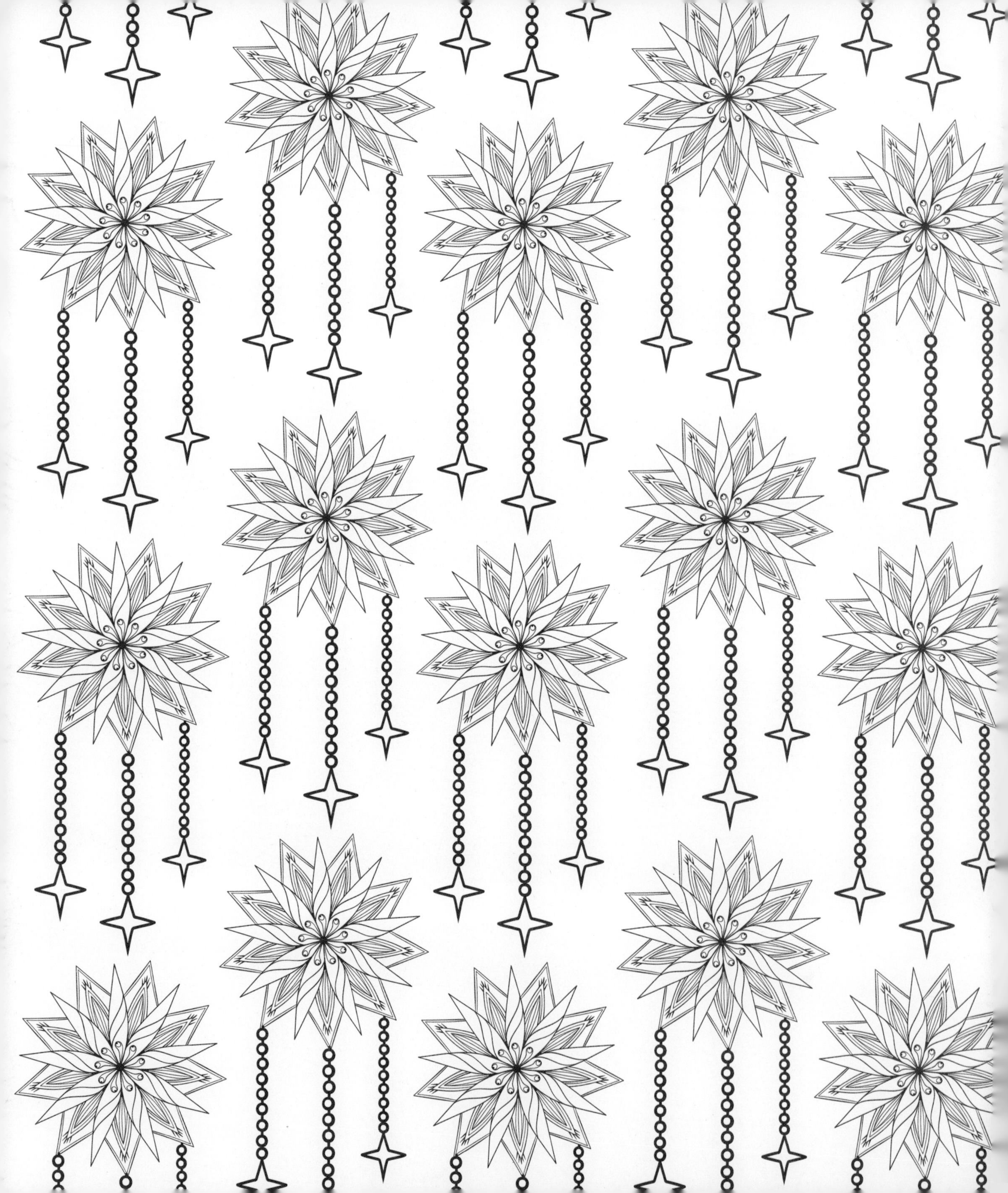

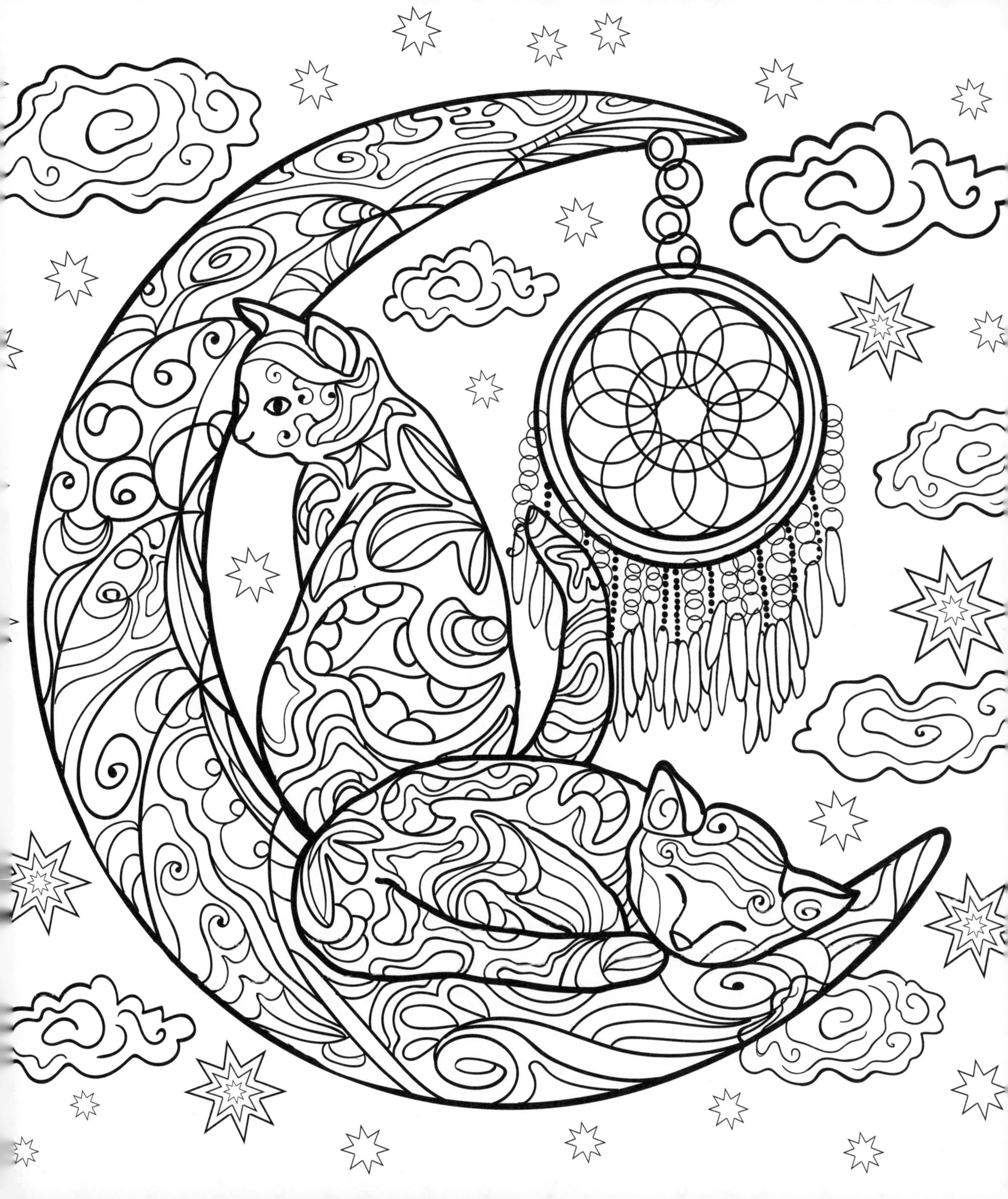

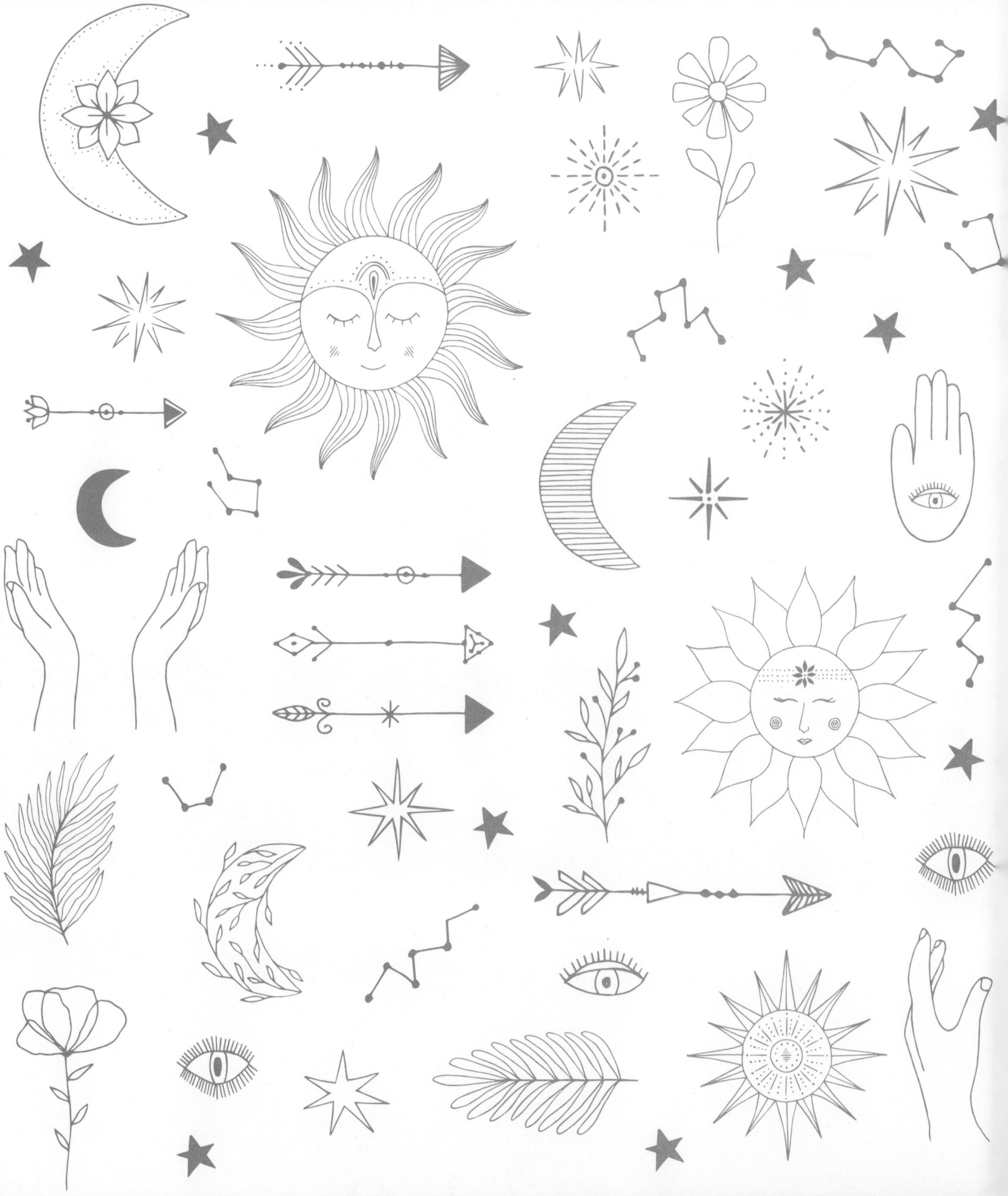

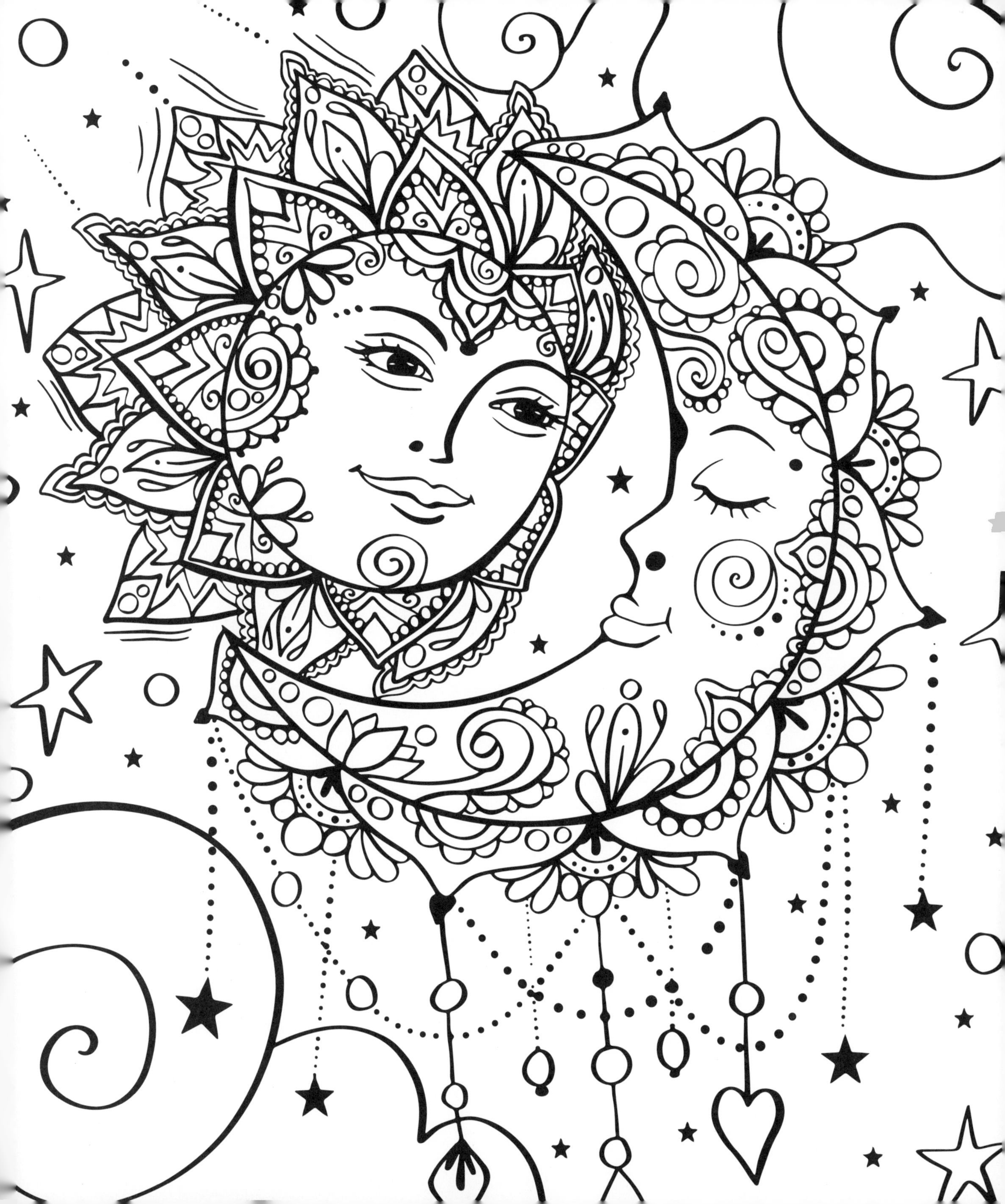

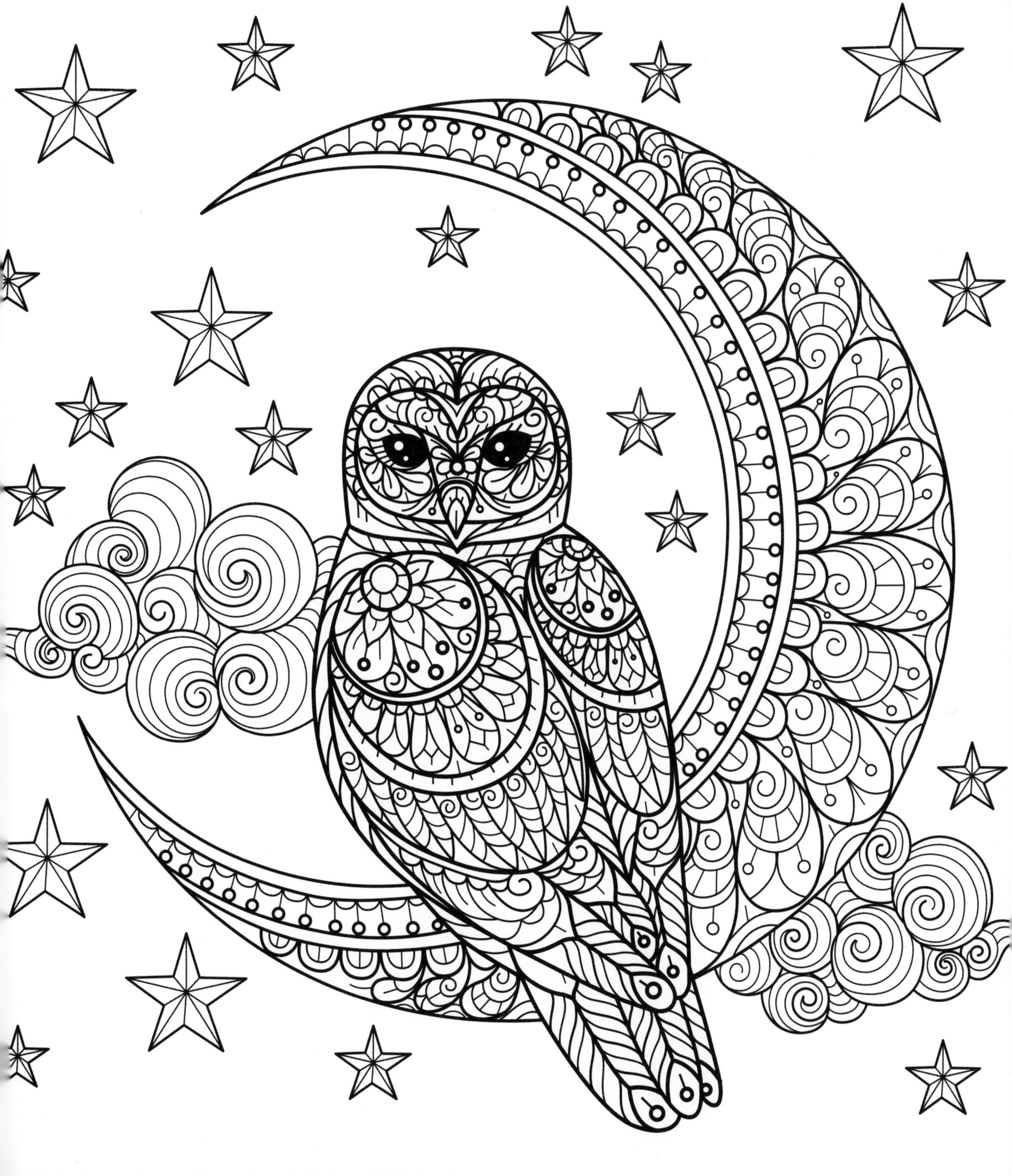

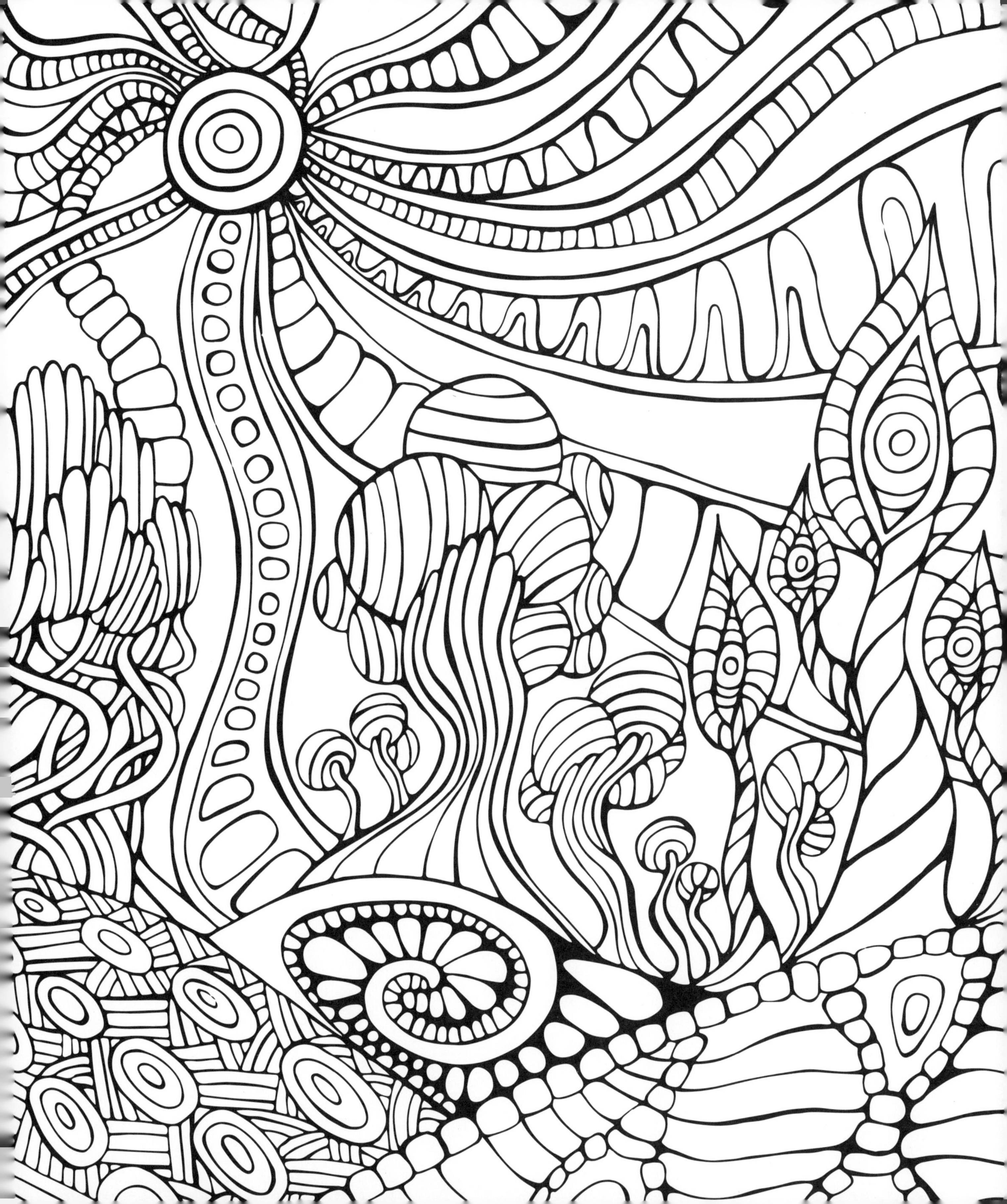

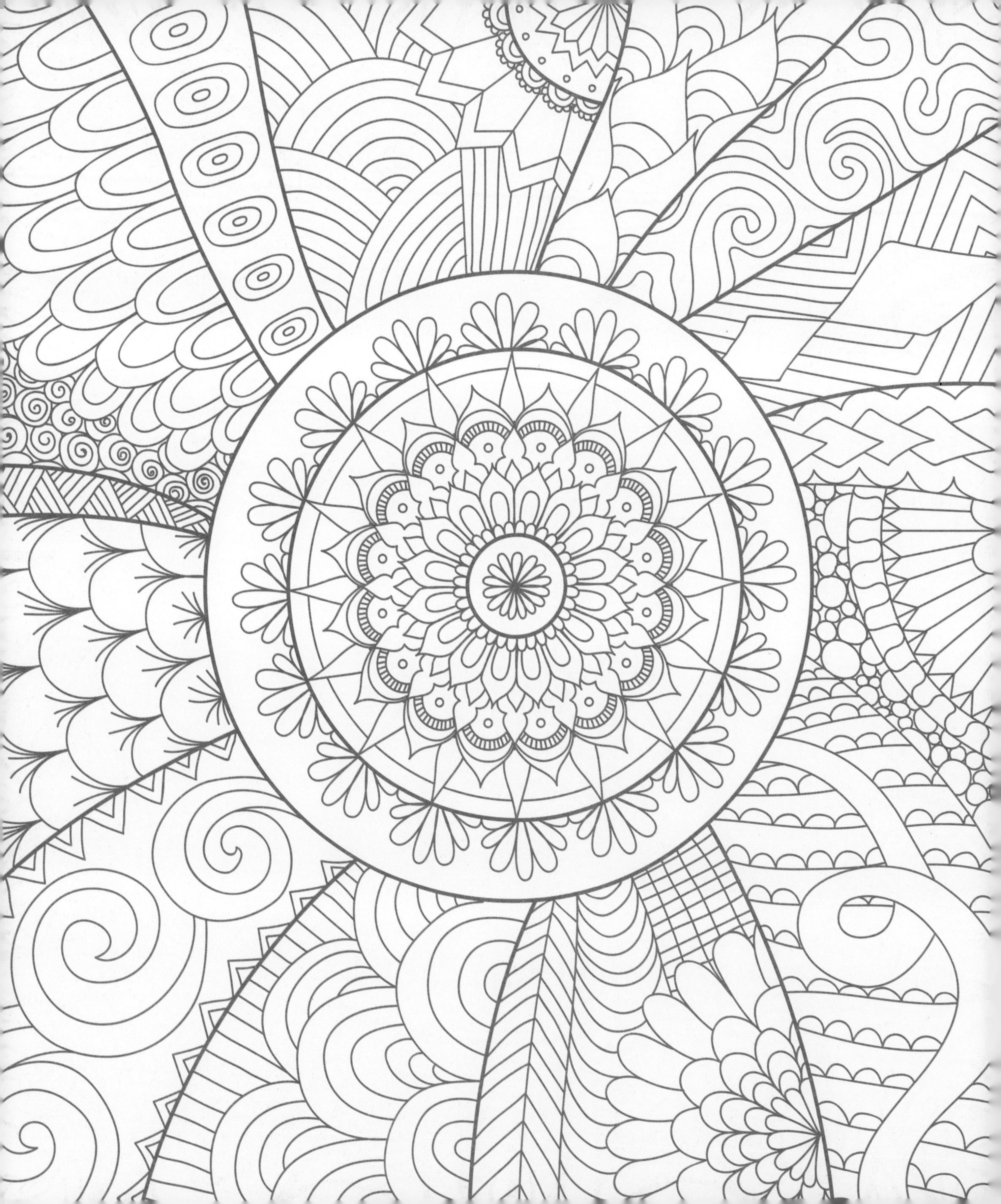

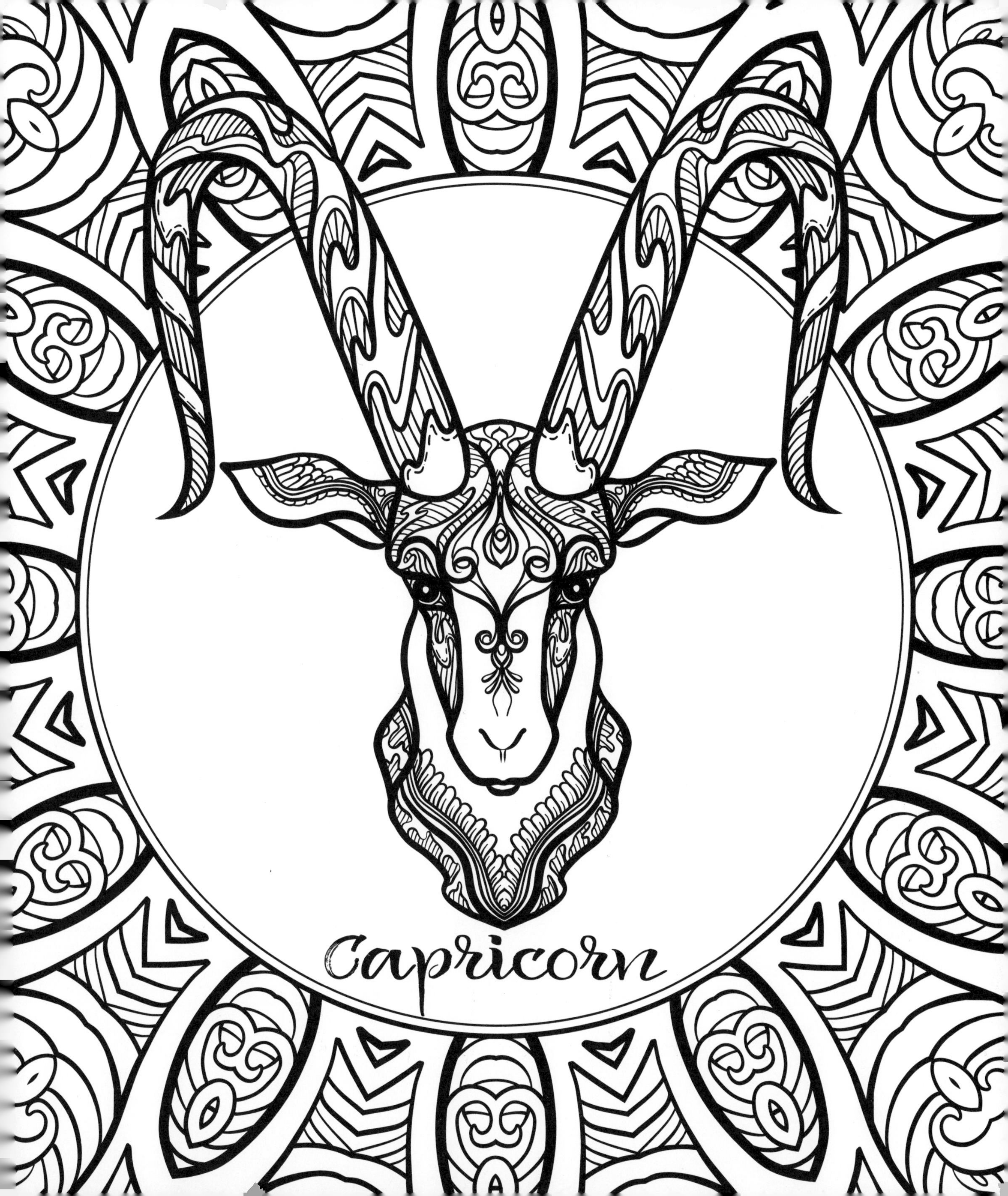
Capricorn

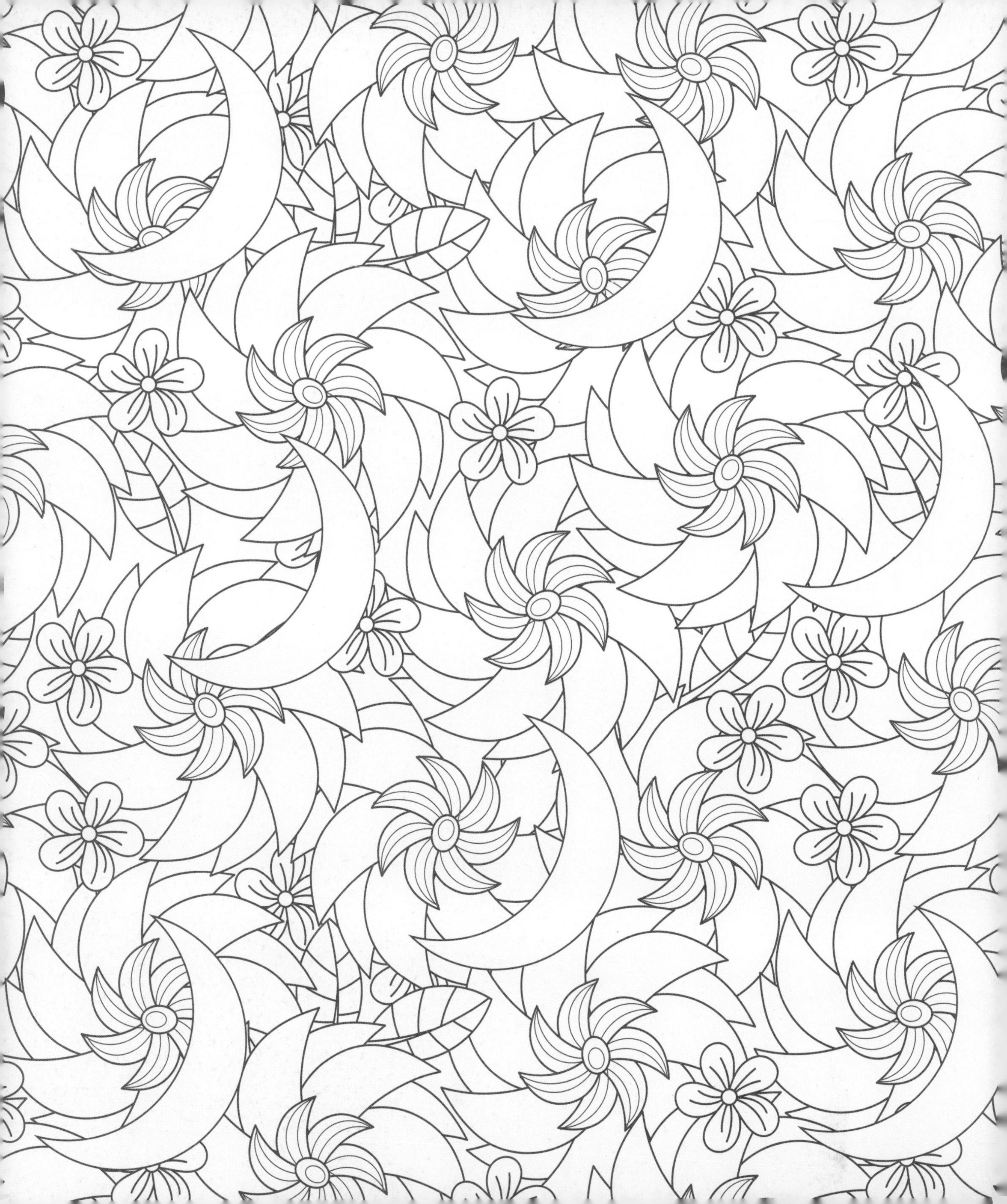

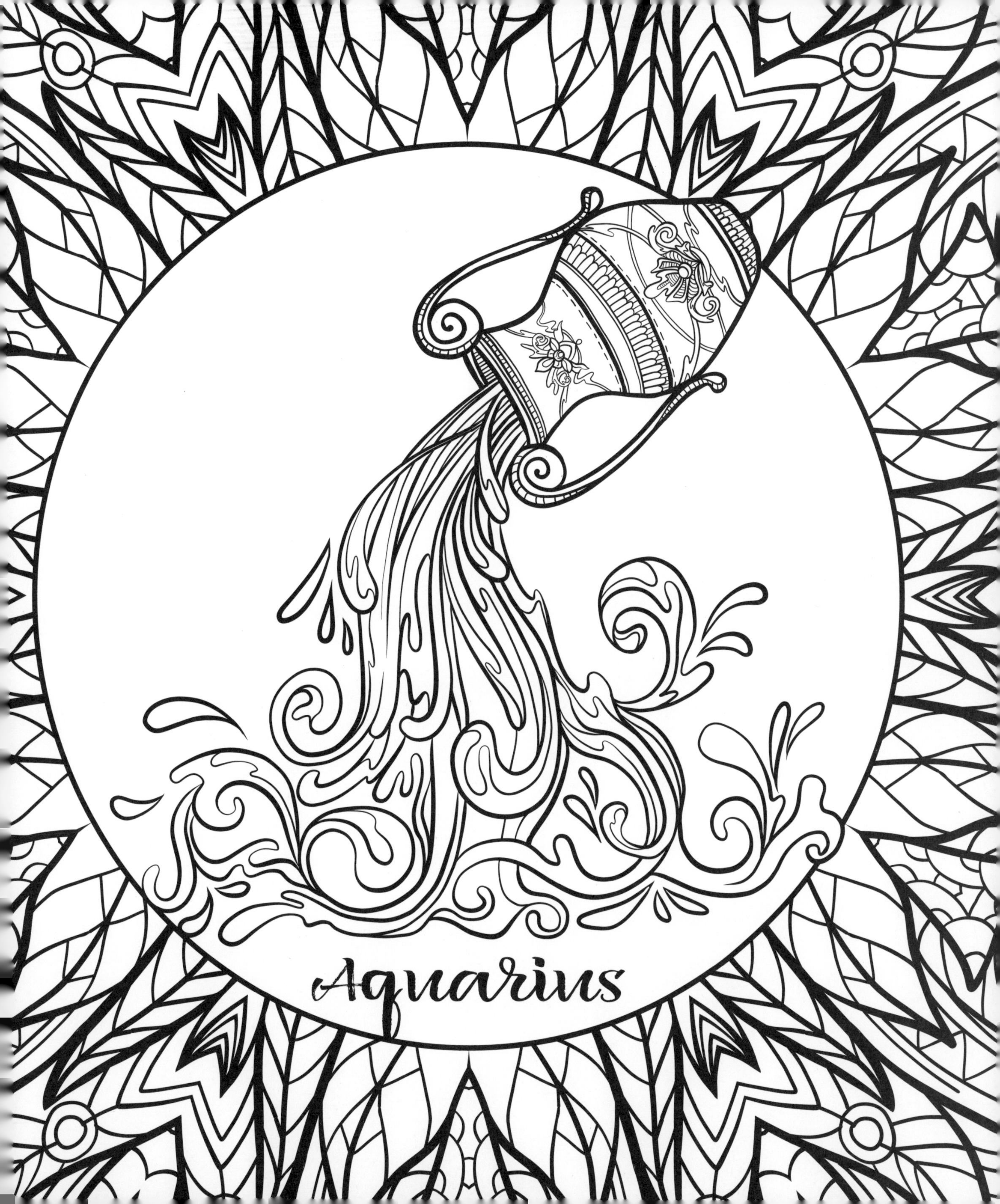
Aquarius

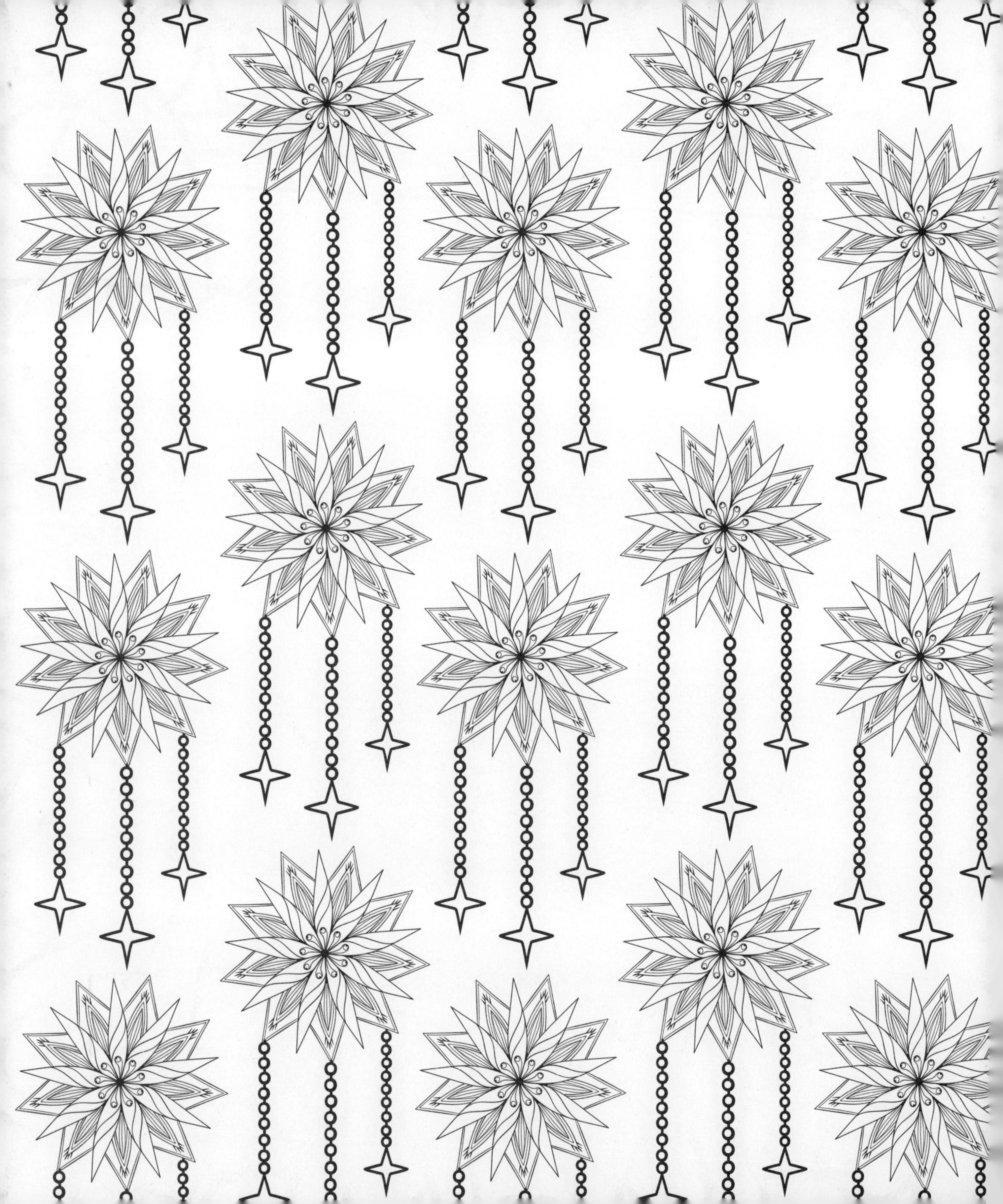

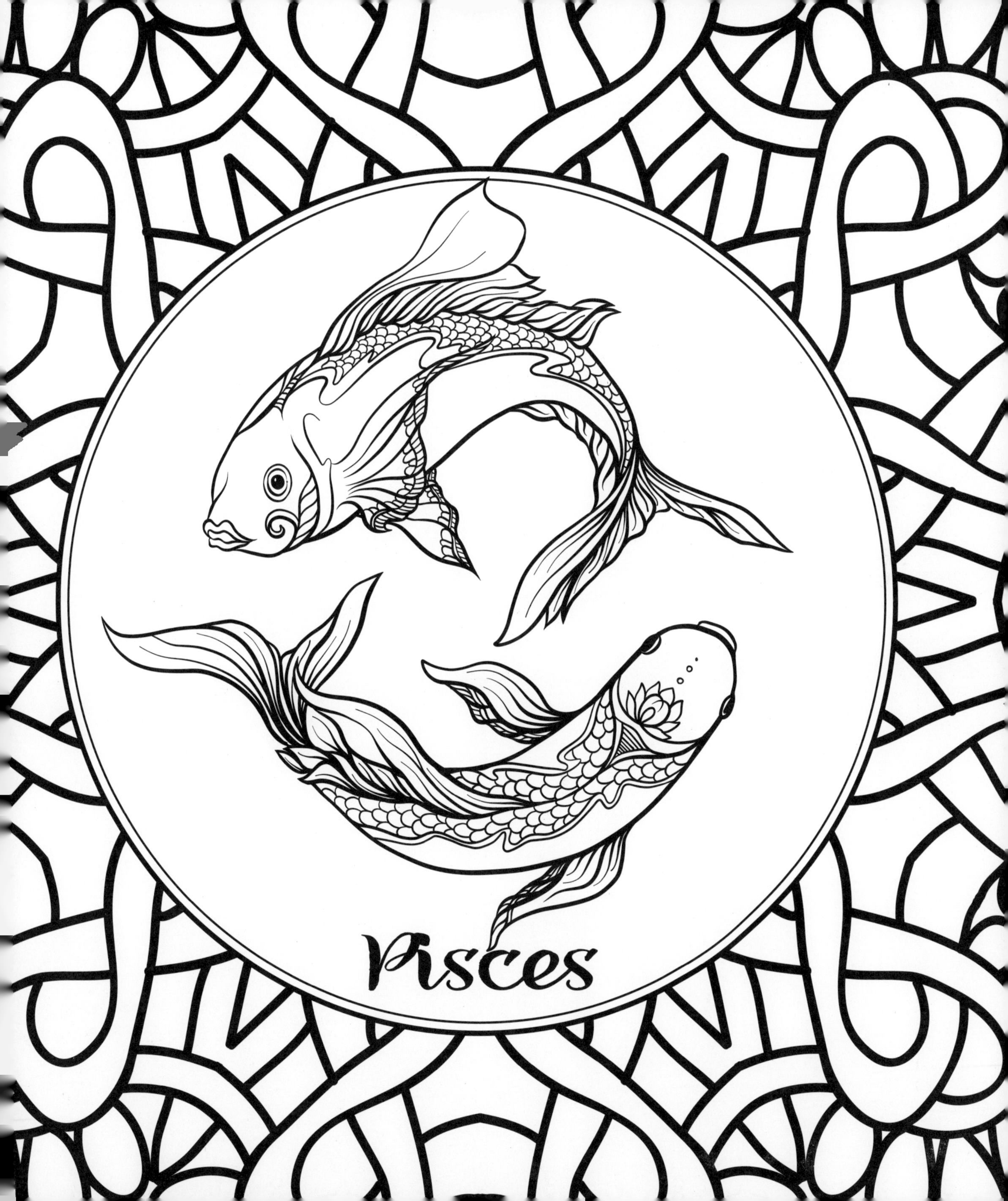
Pisces

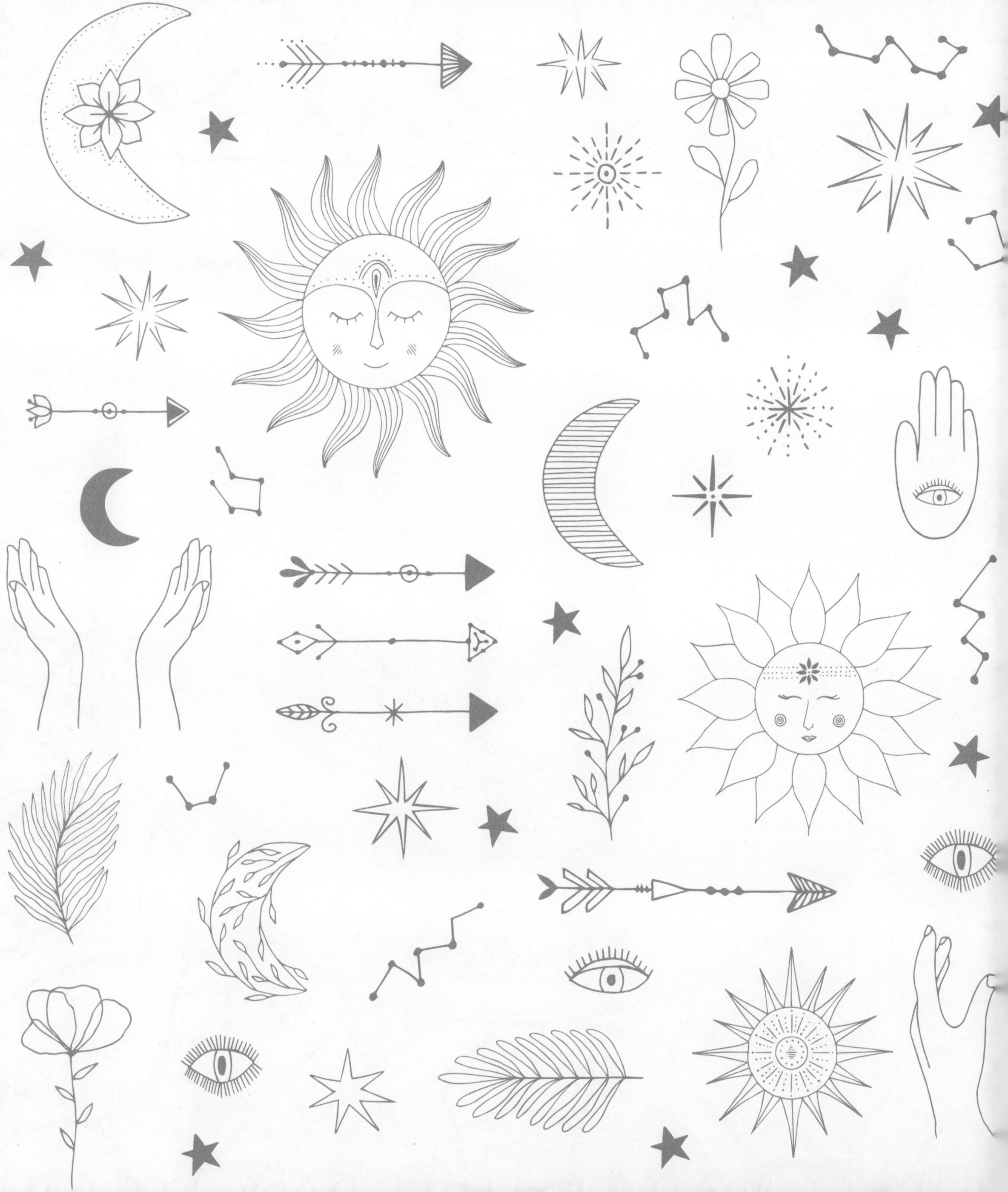

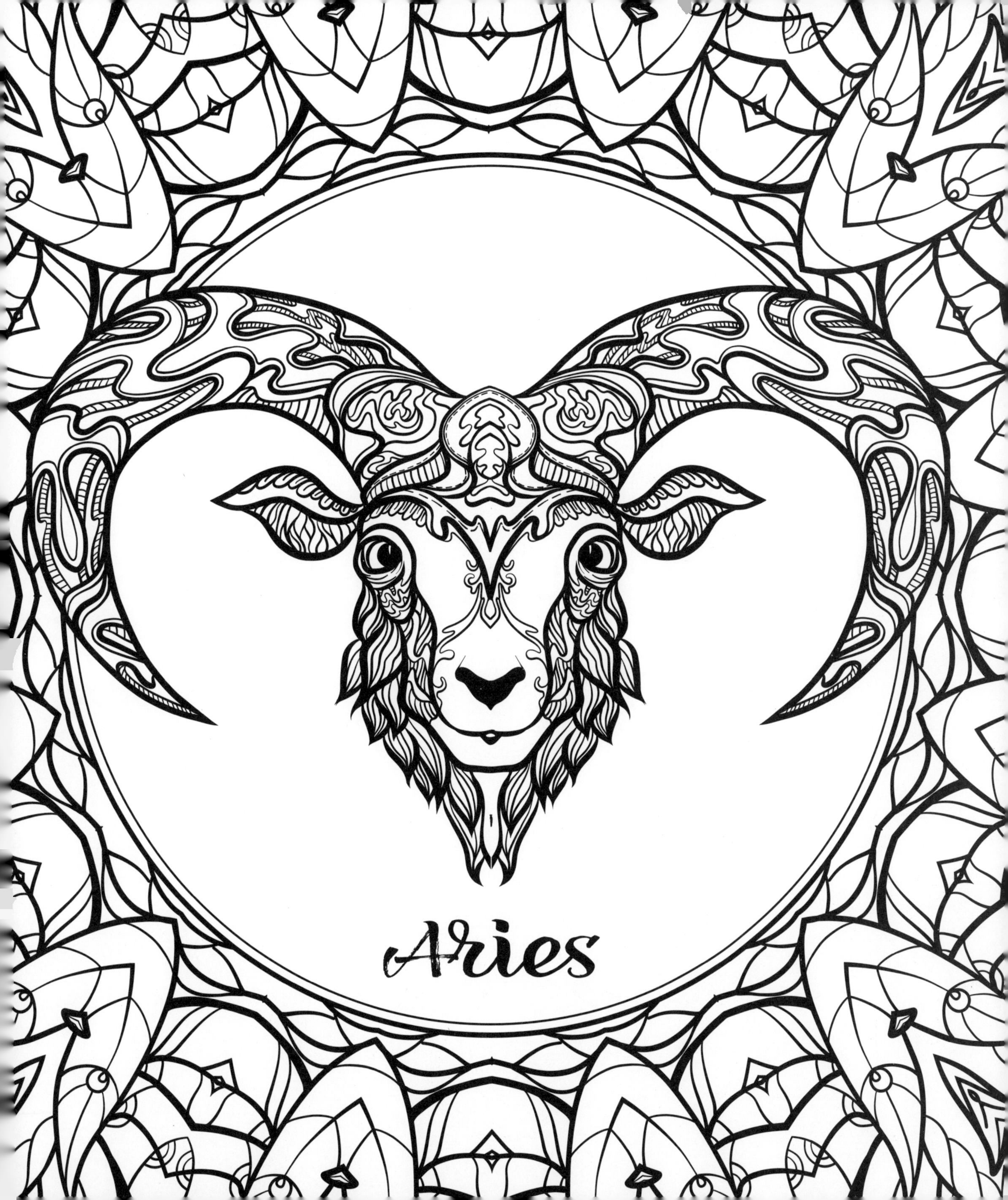
Aries

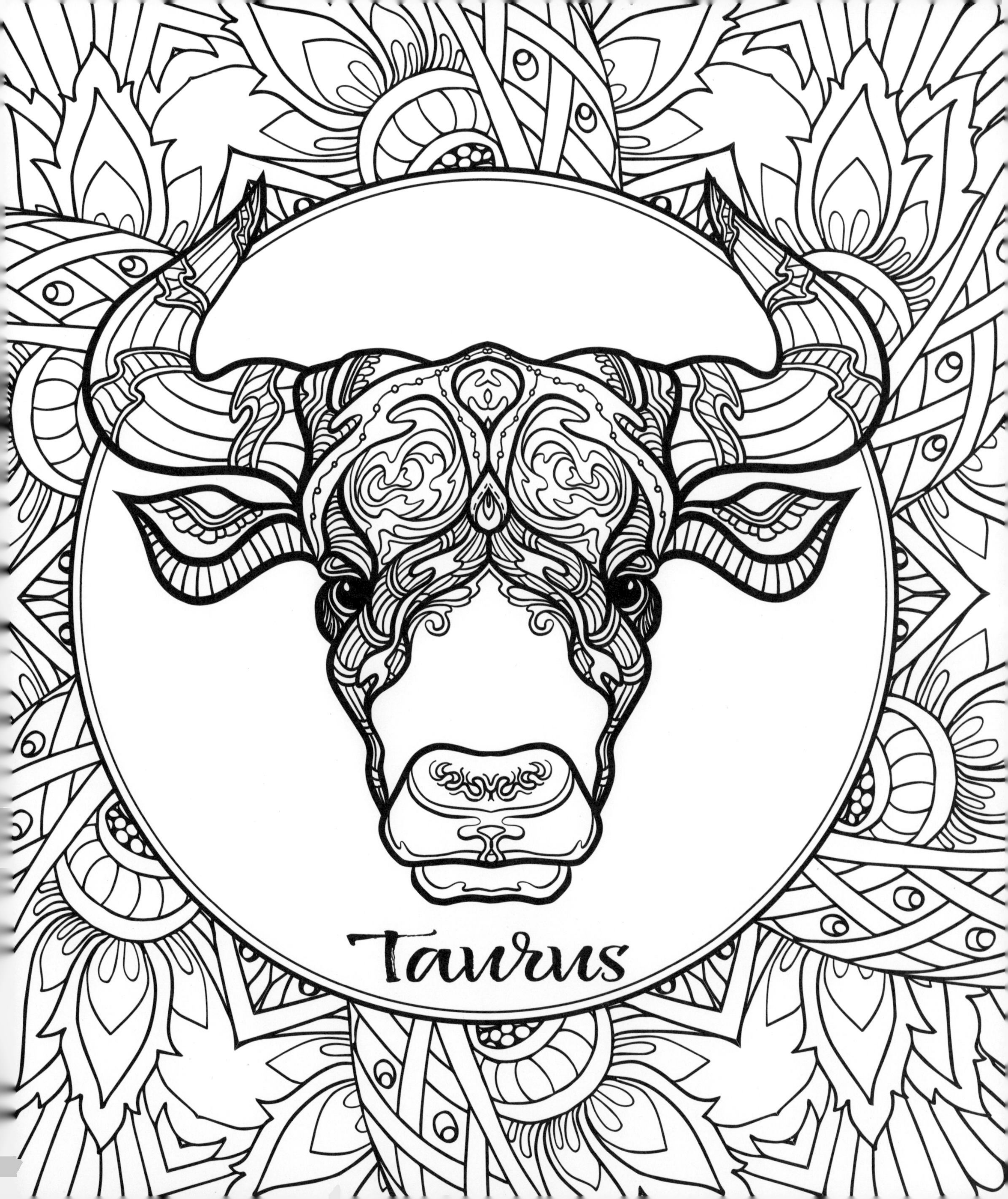
Taurus

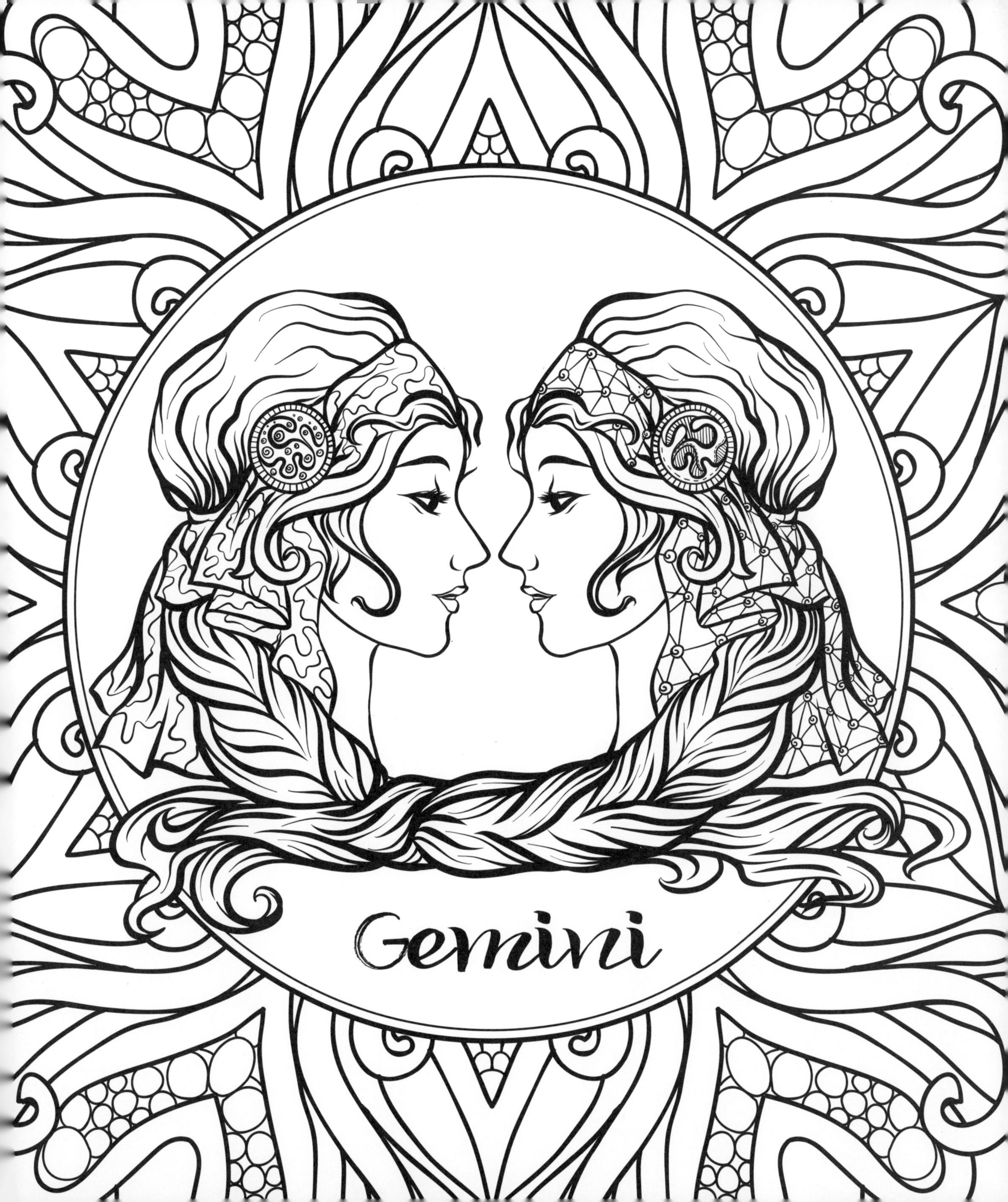
Gemini

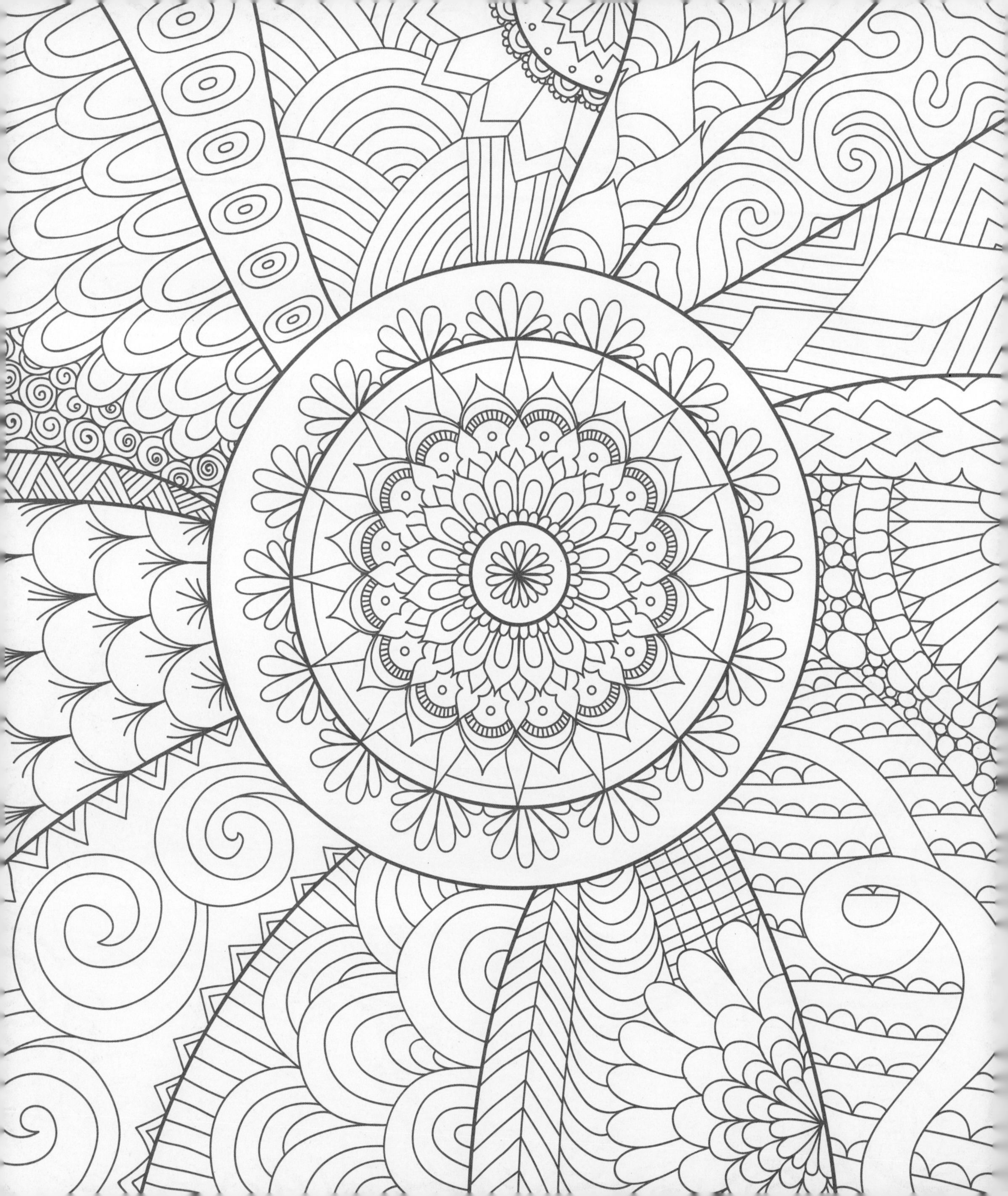

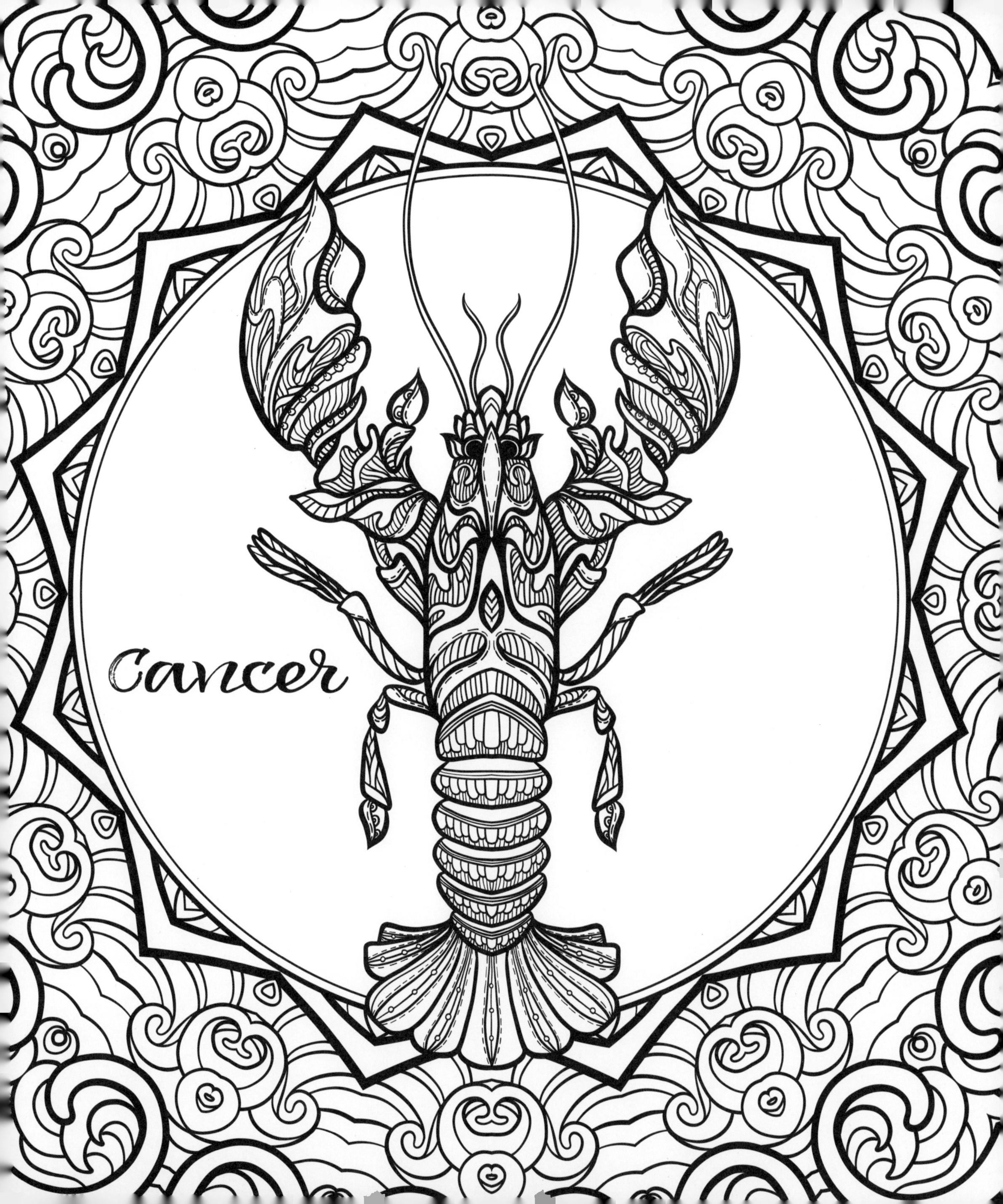
Cancer

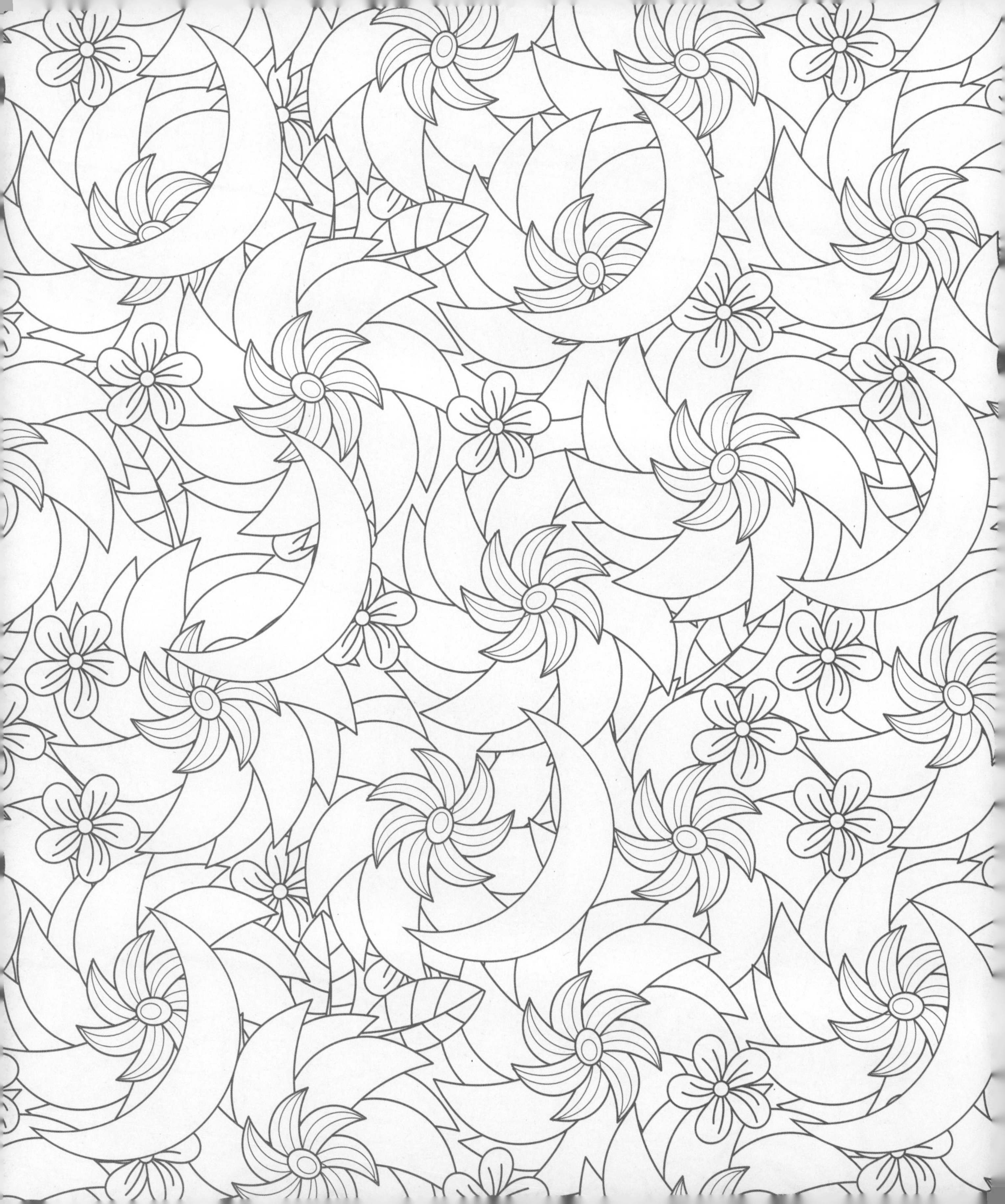

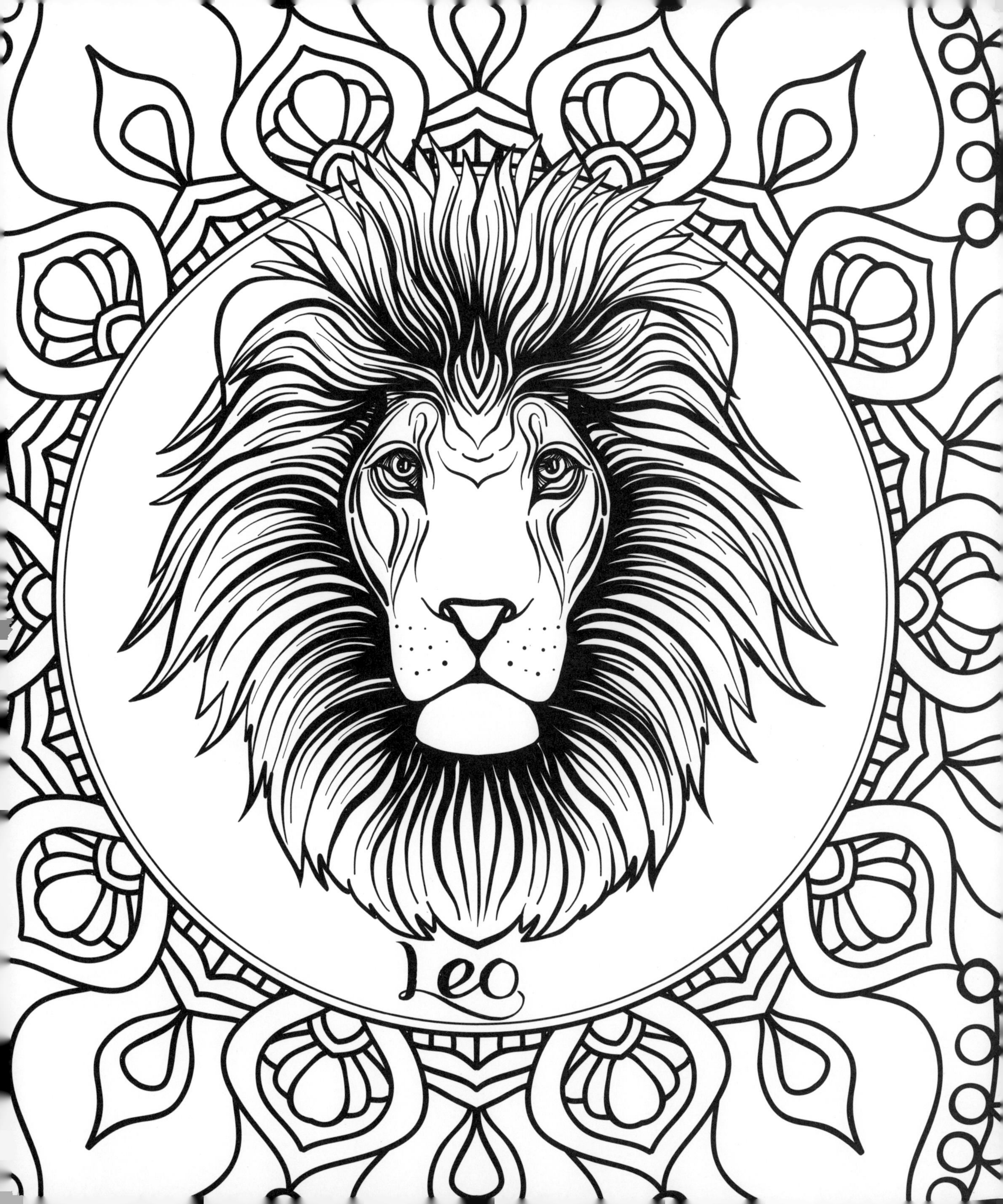
Leo

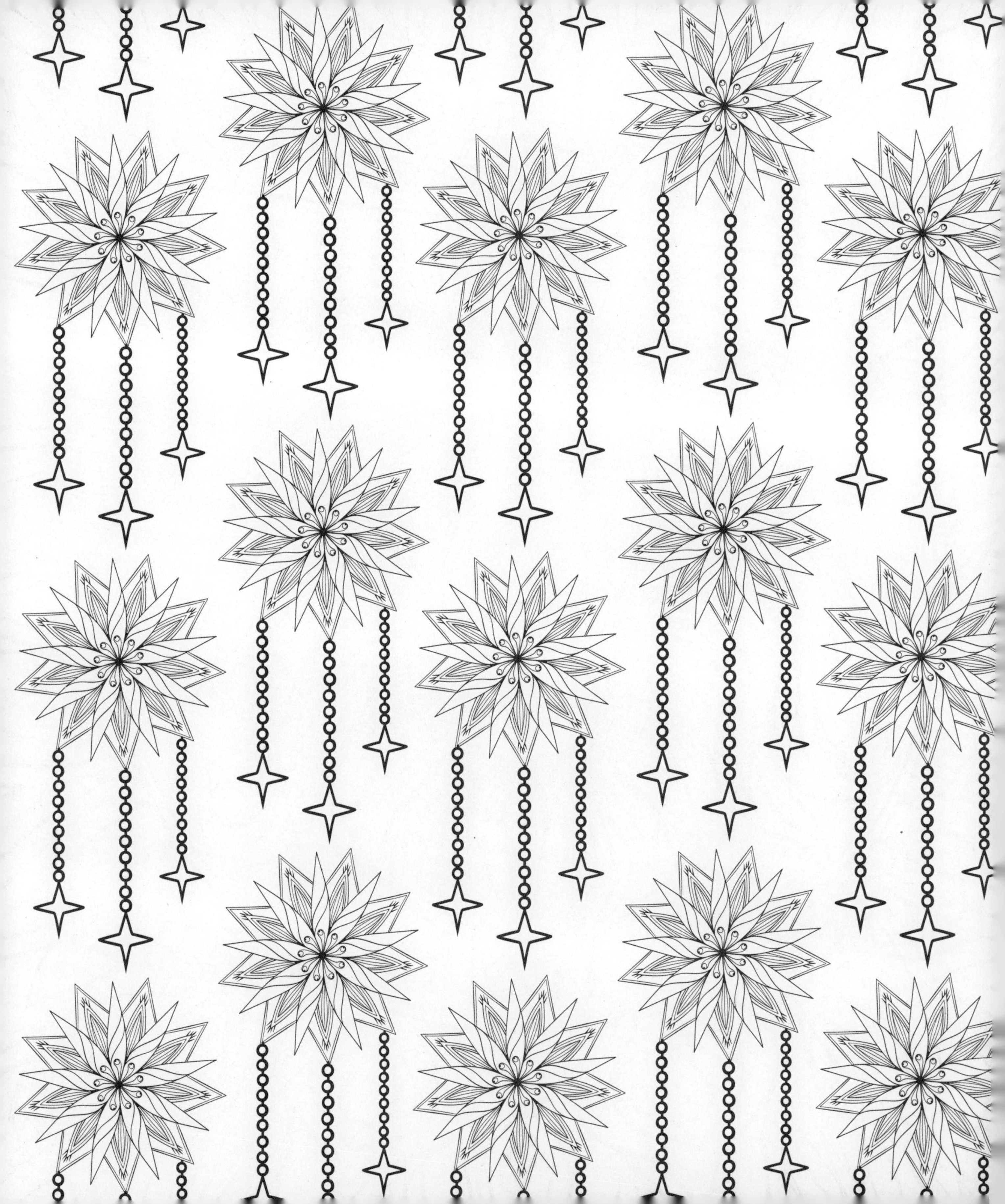

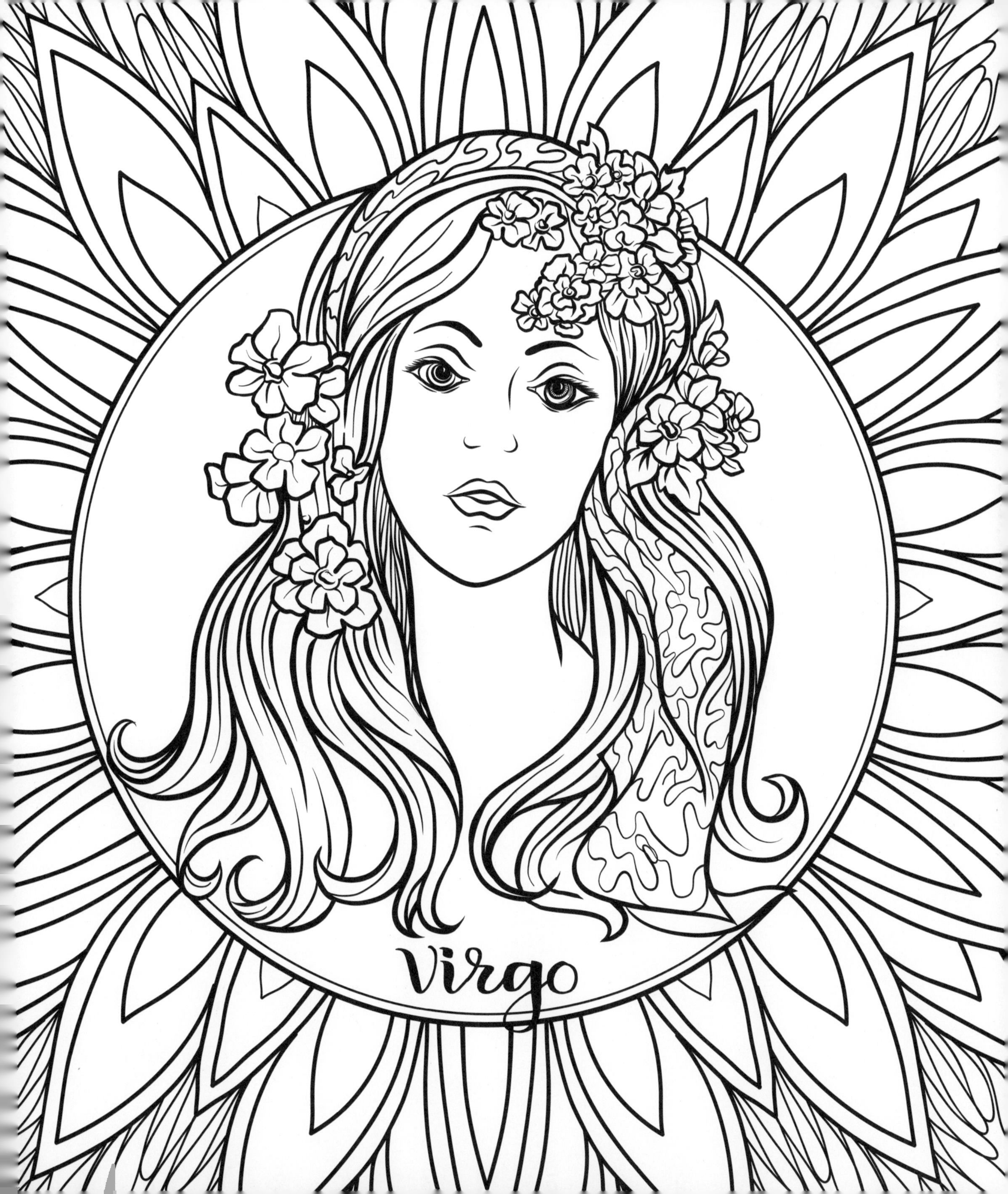
Virgo

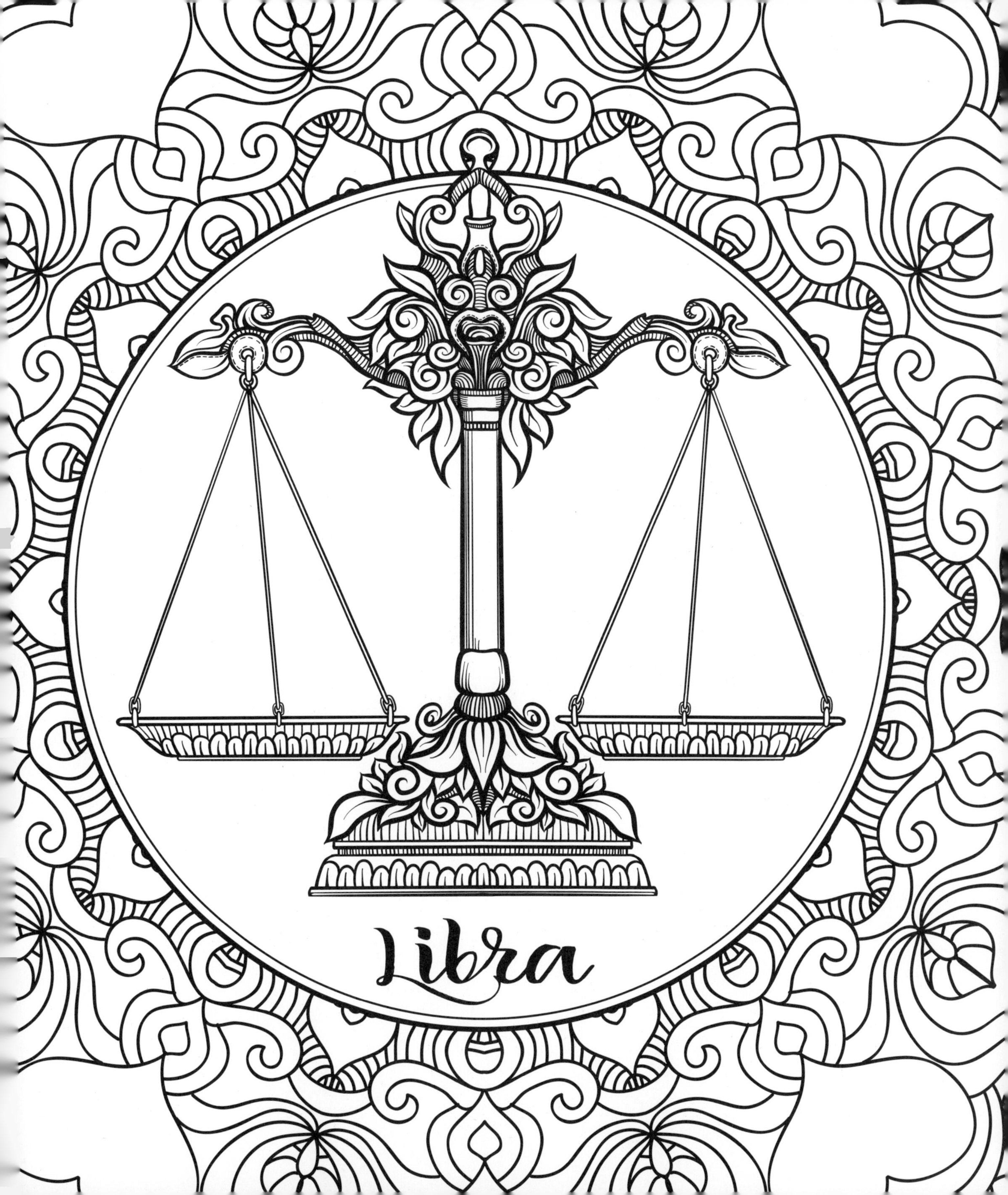
Libra

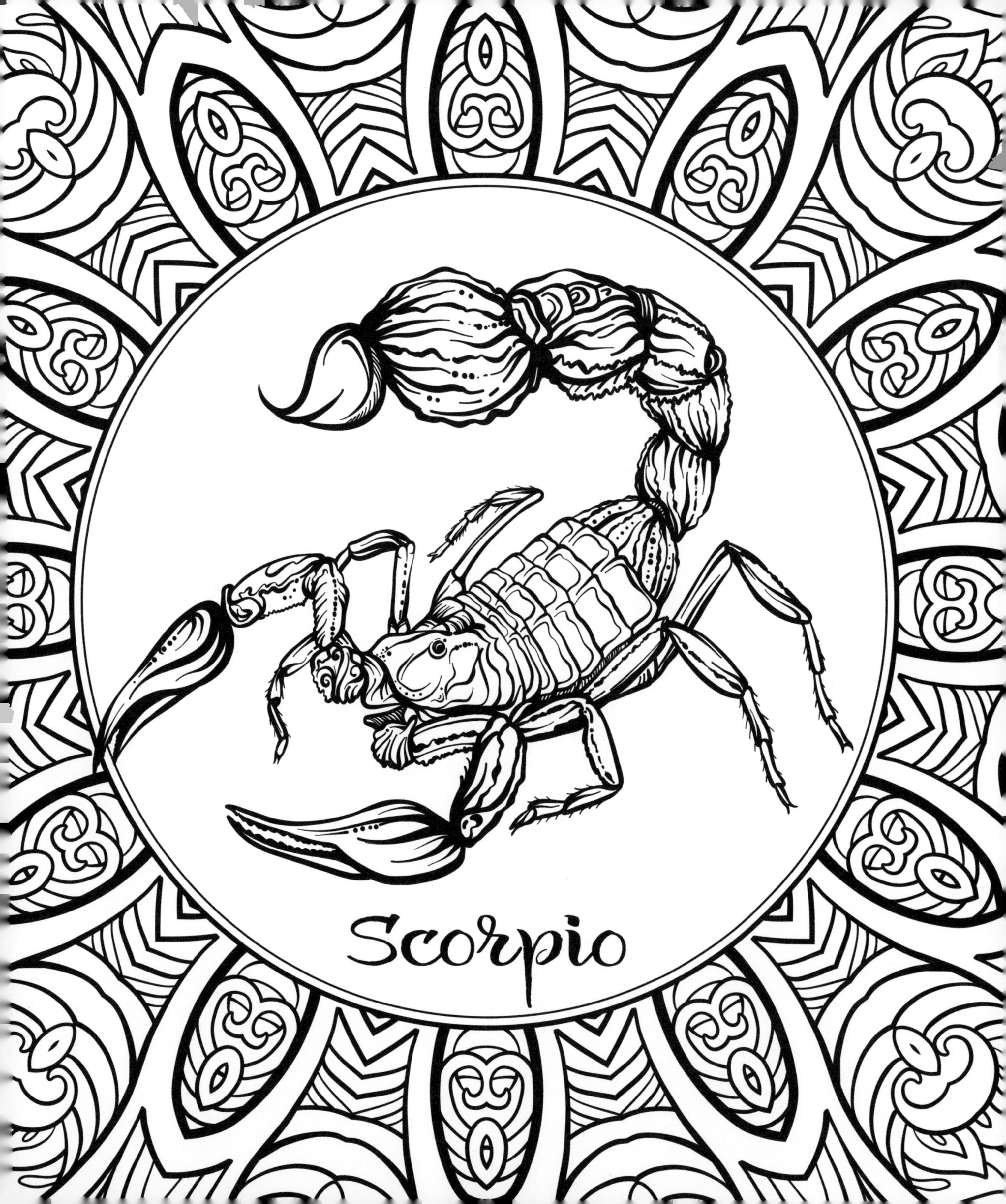
Scorpio

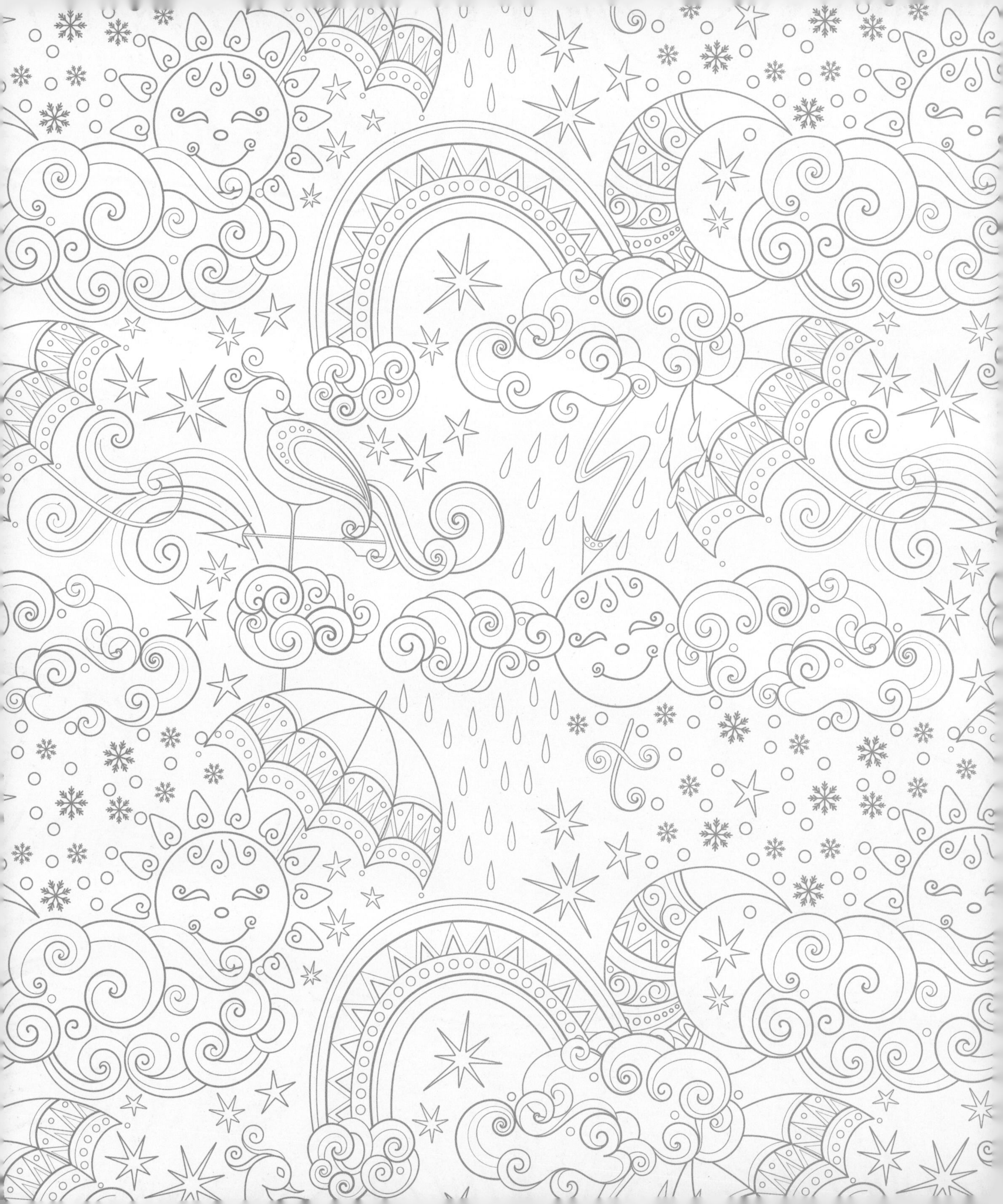

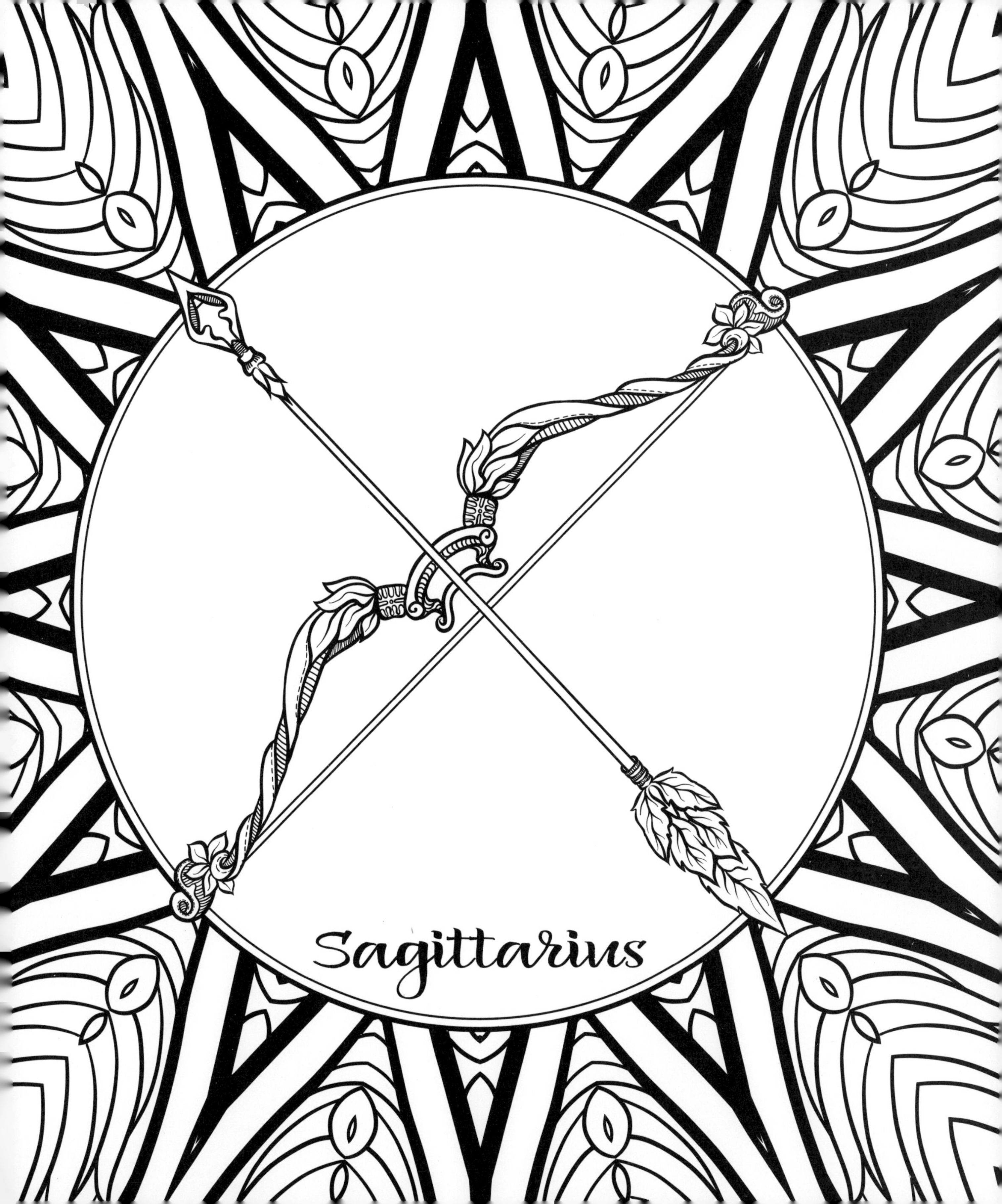
Sagittarius

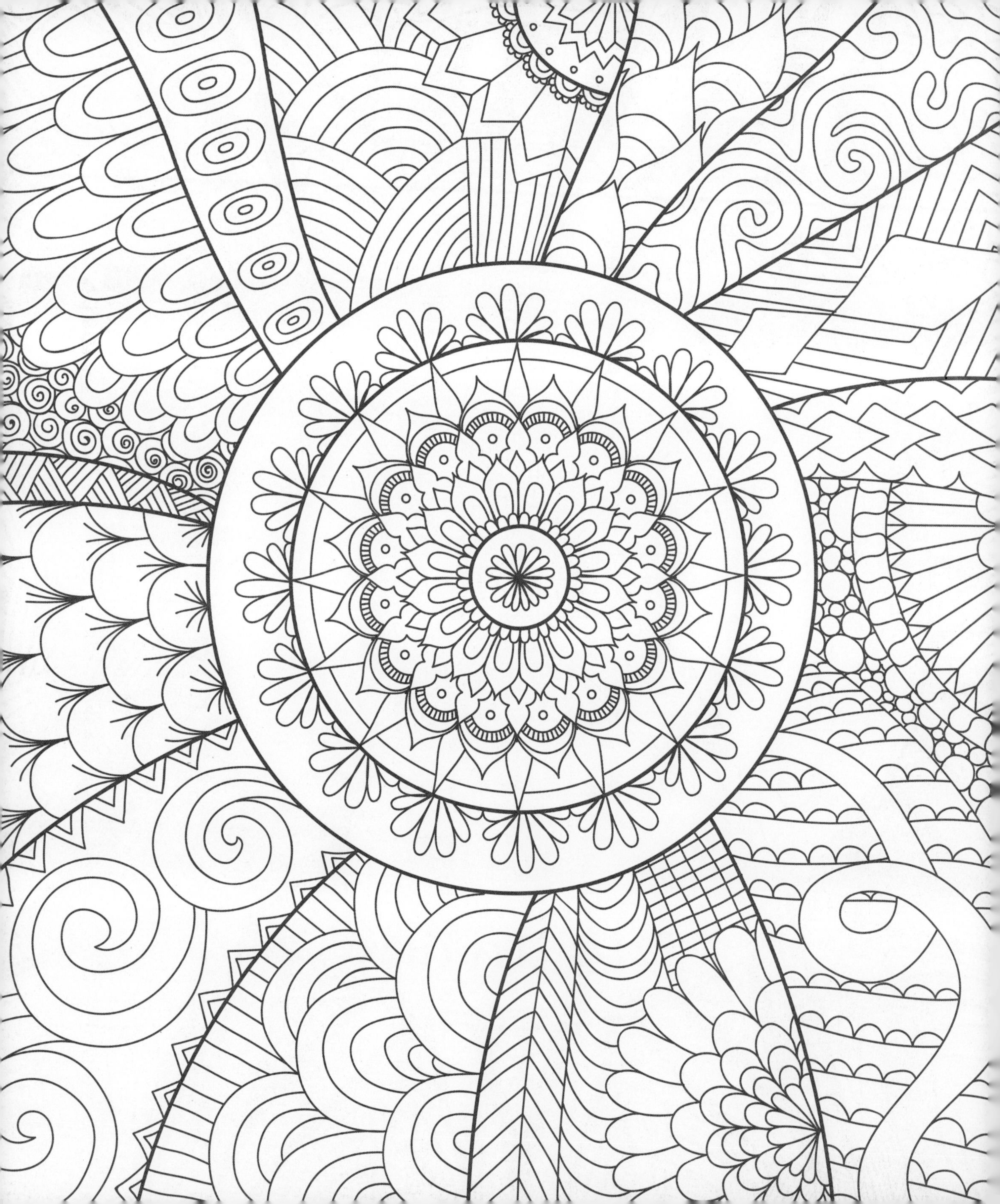

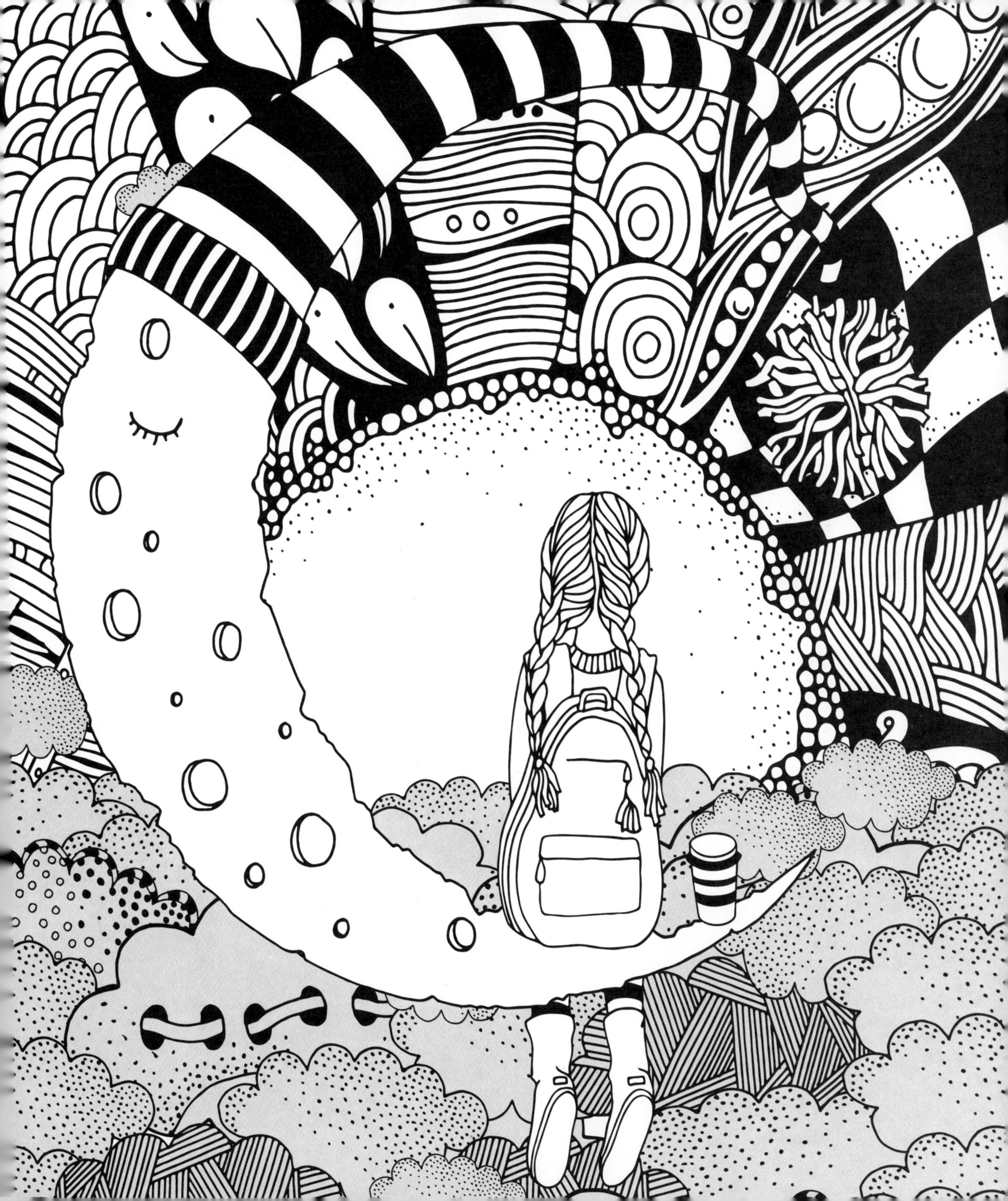

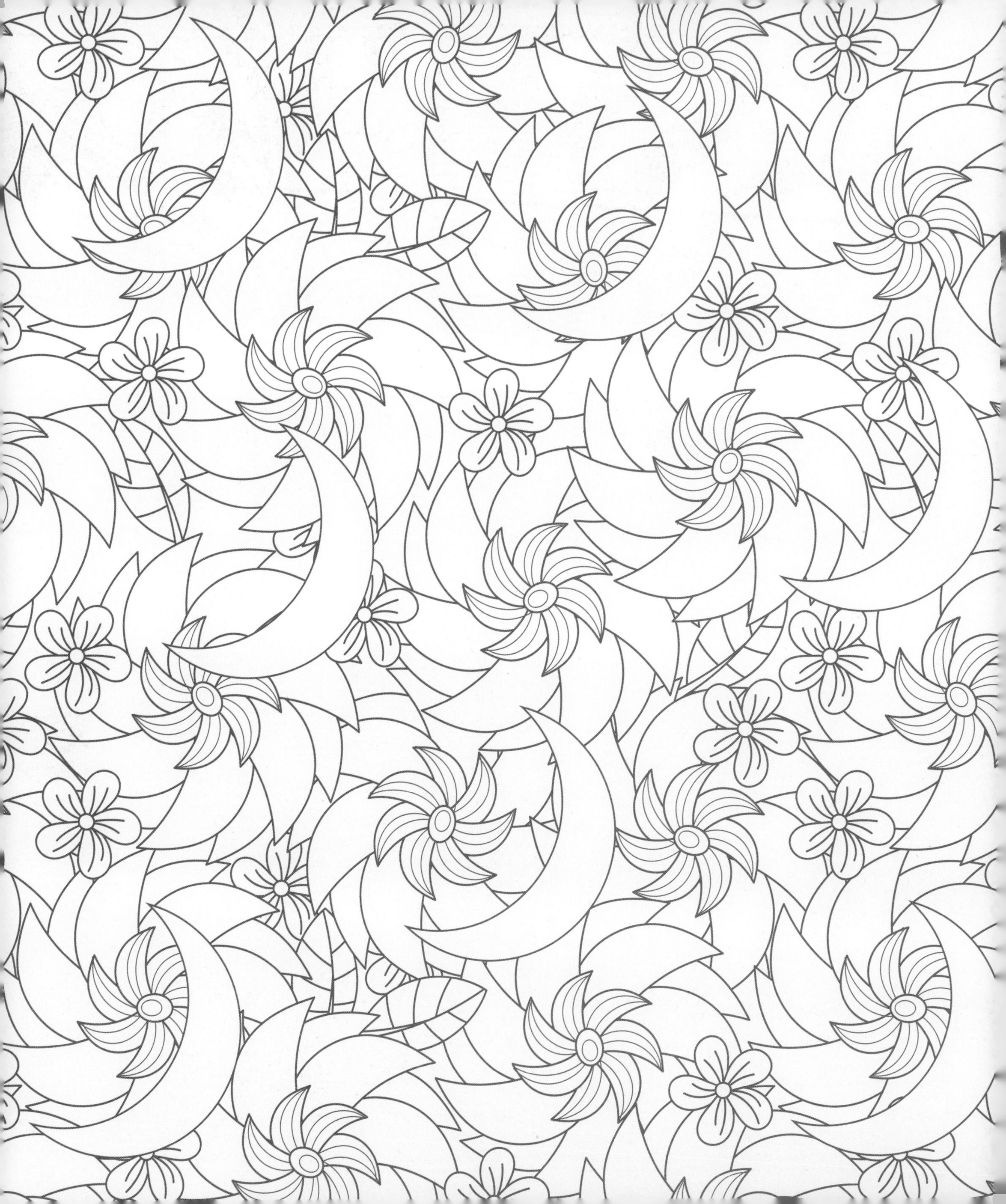

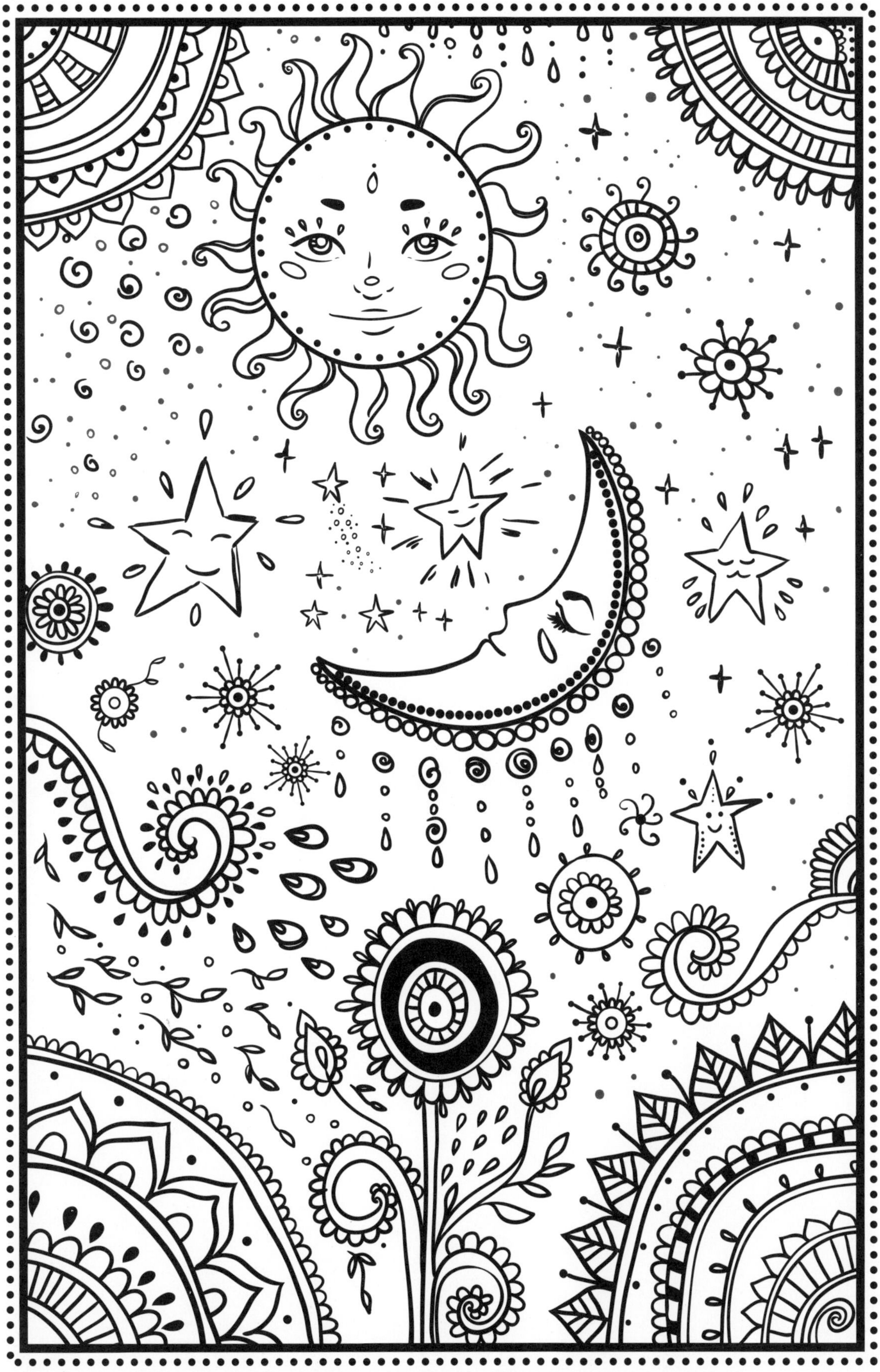

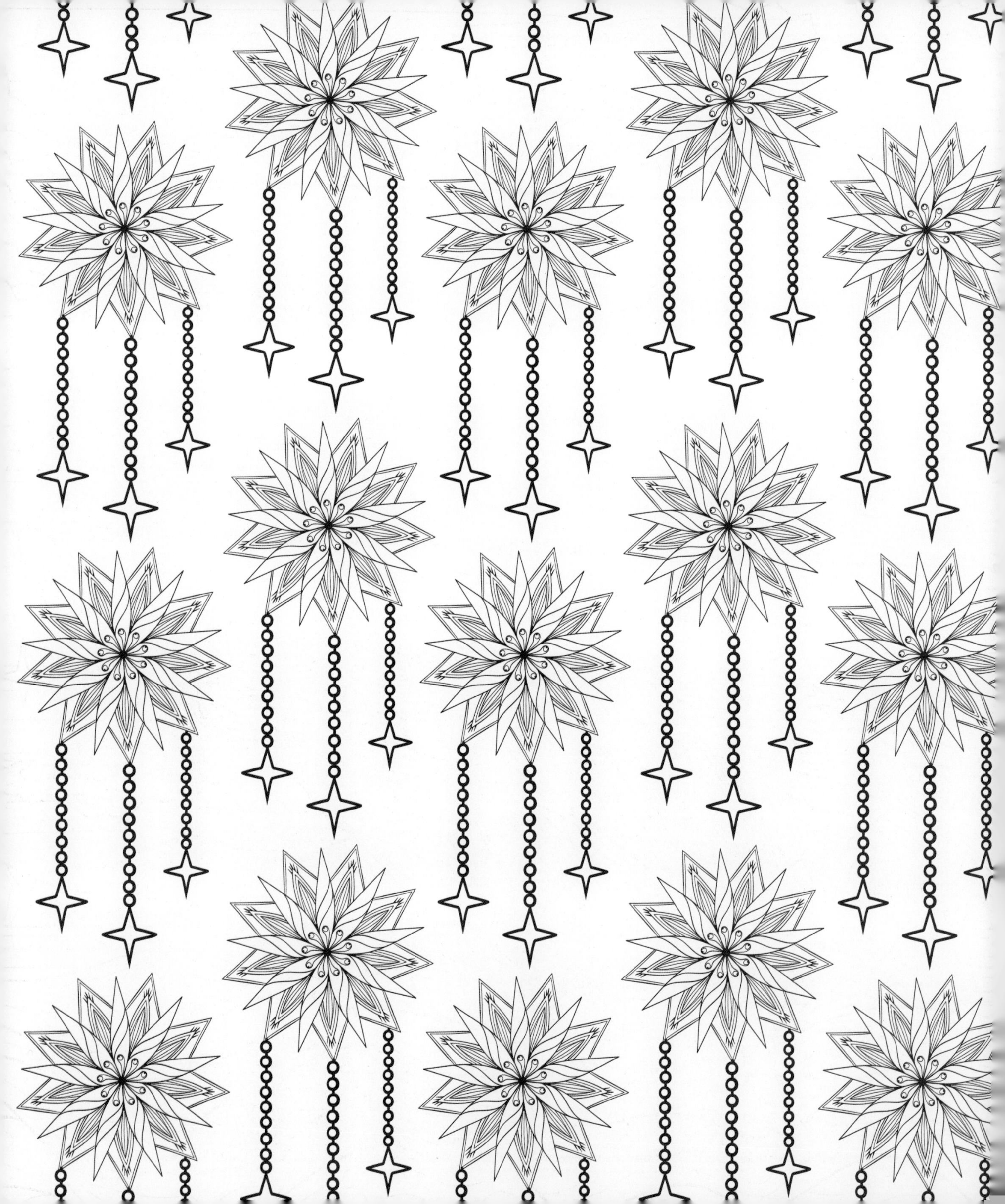

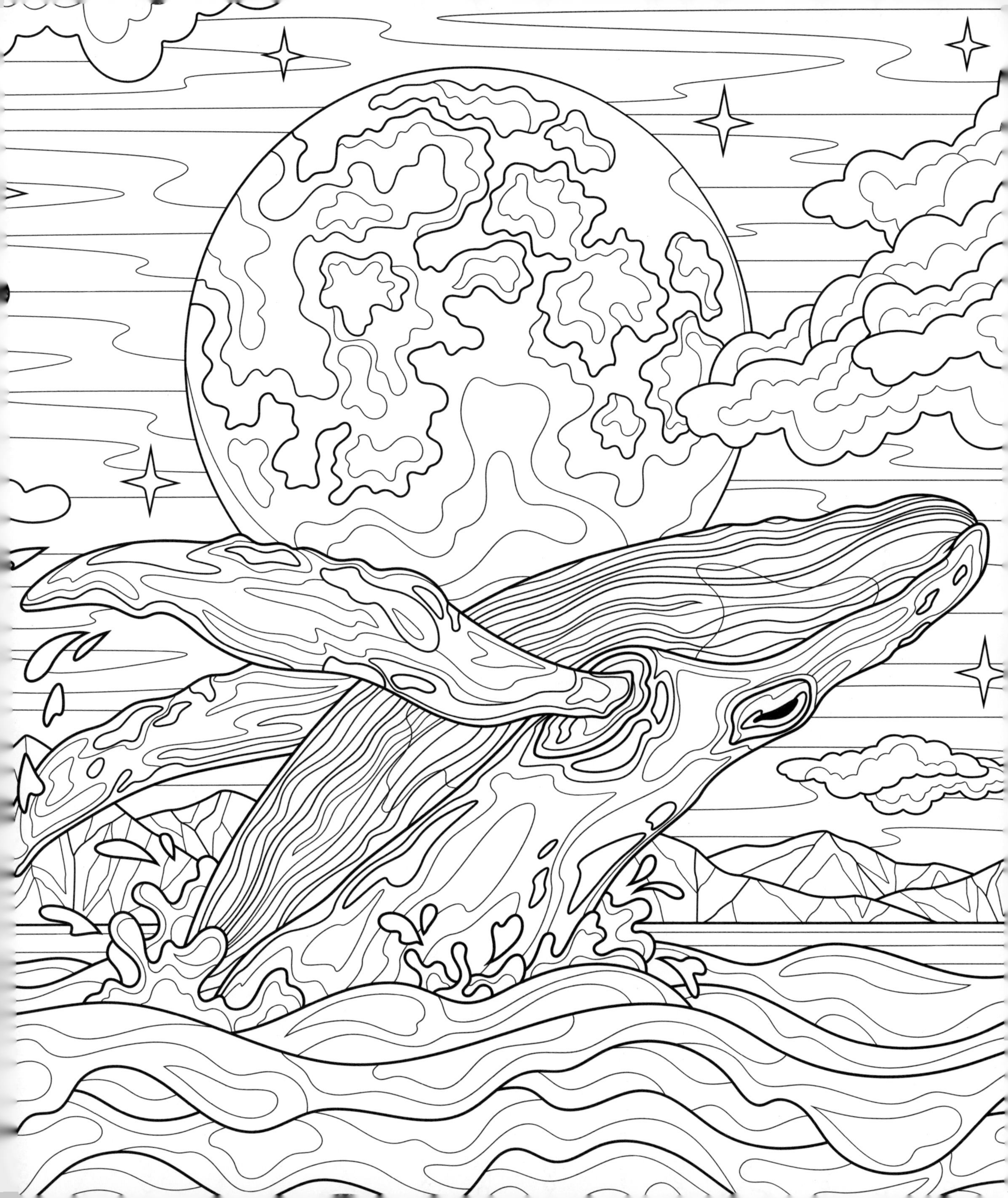

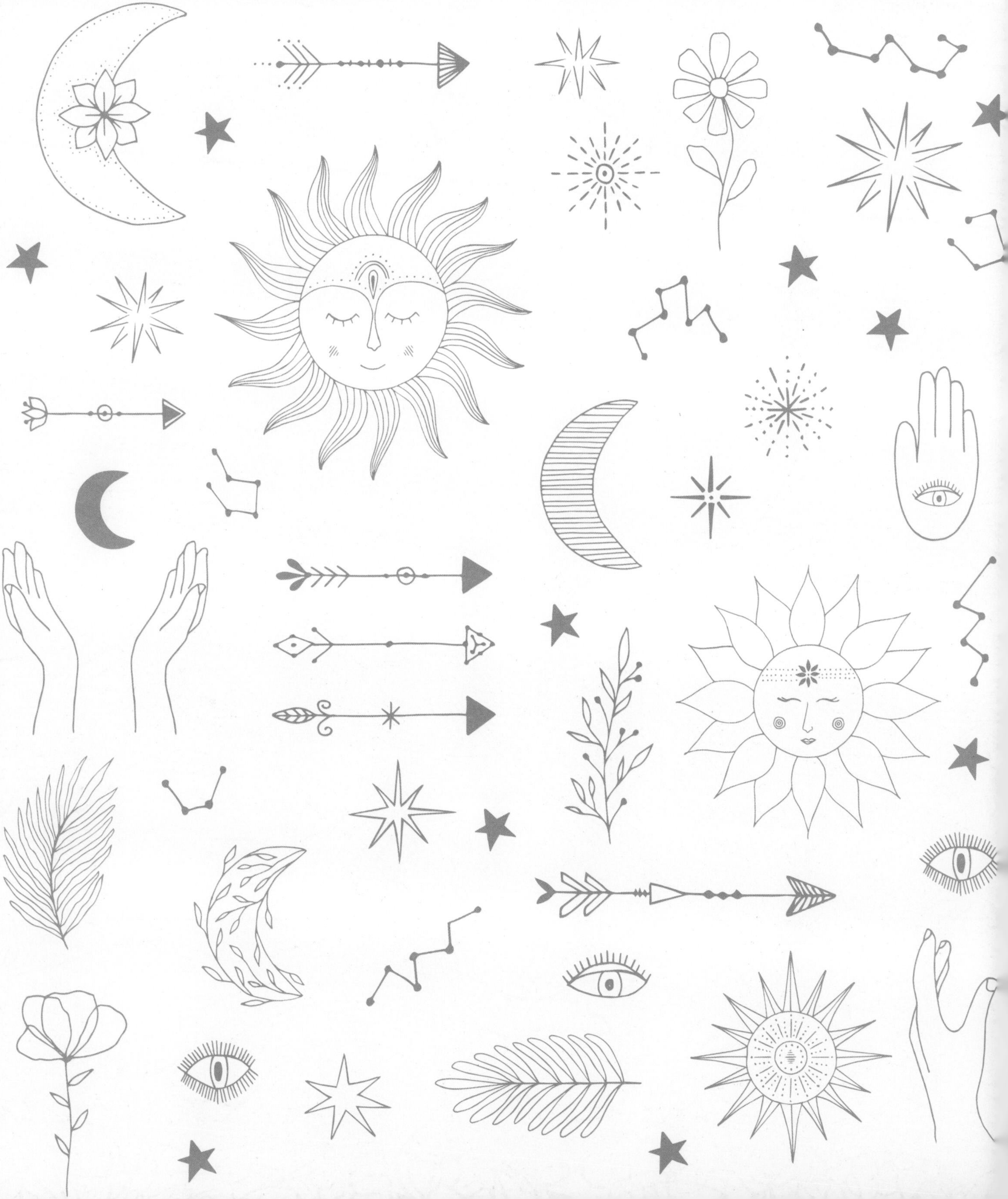

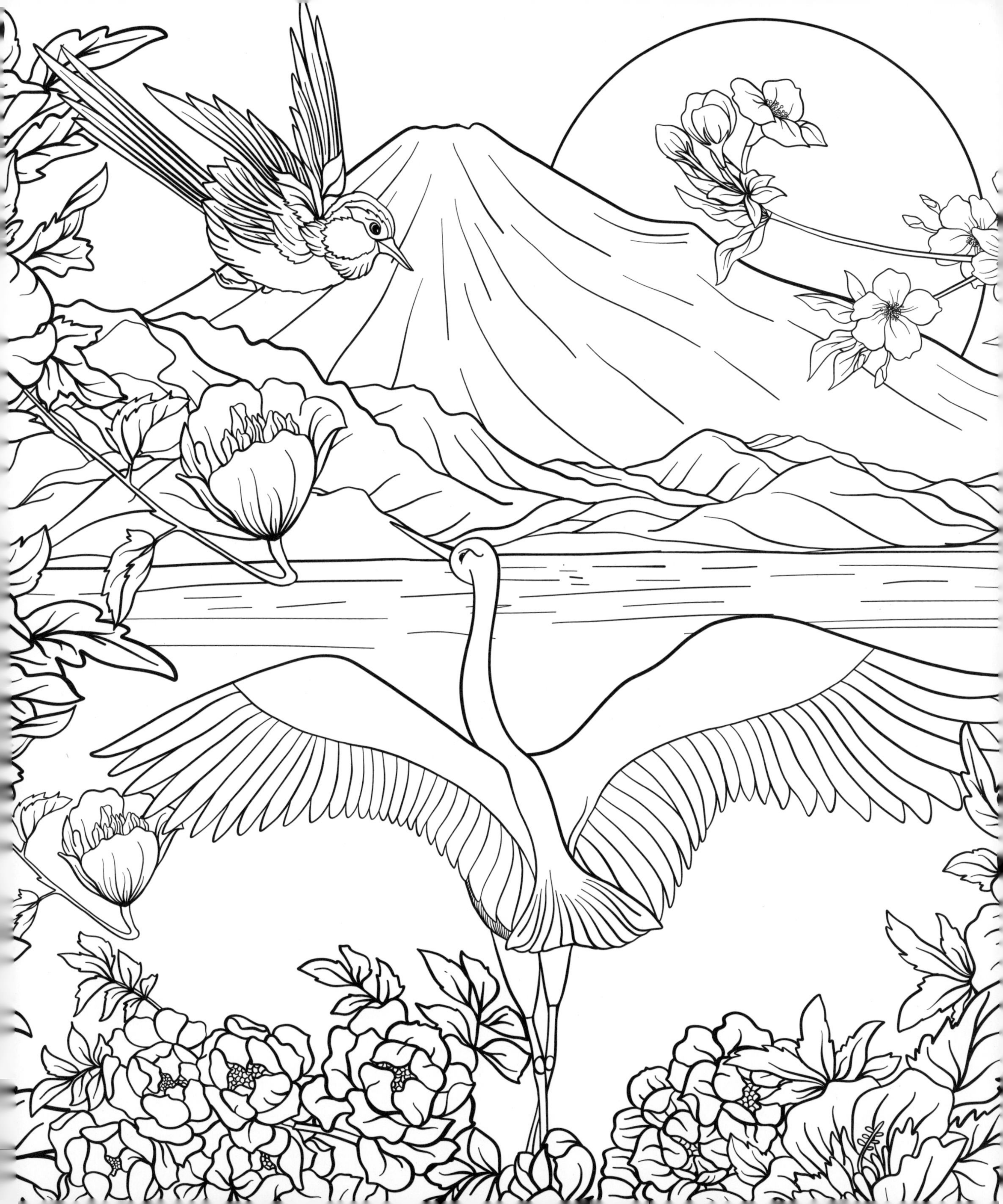

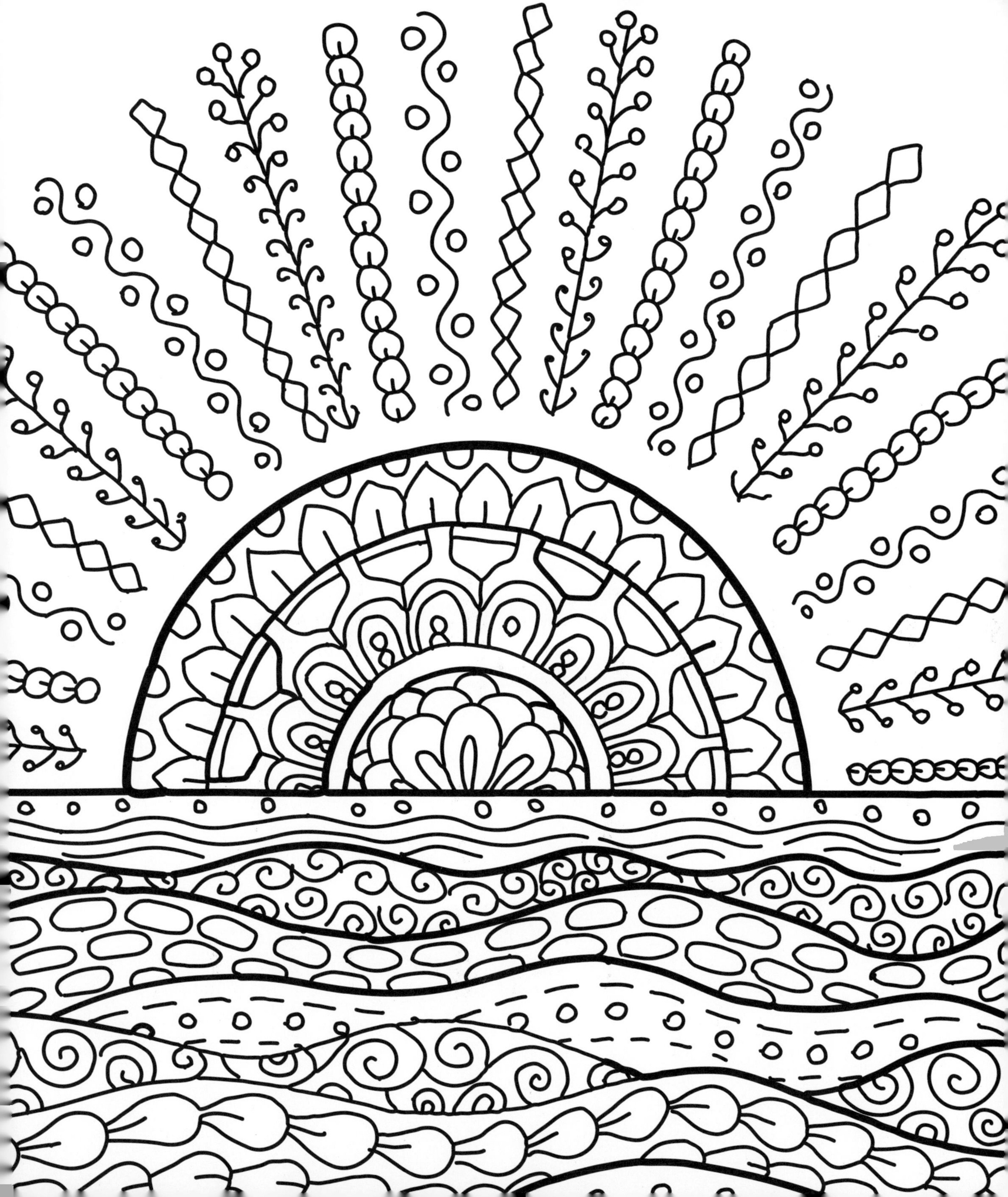

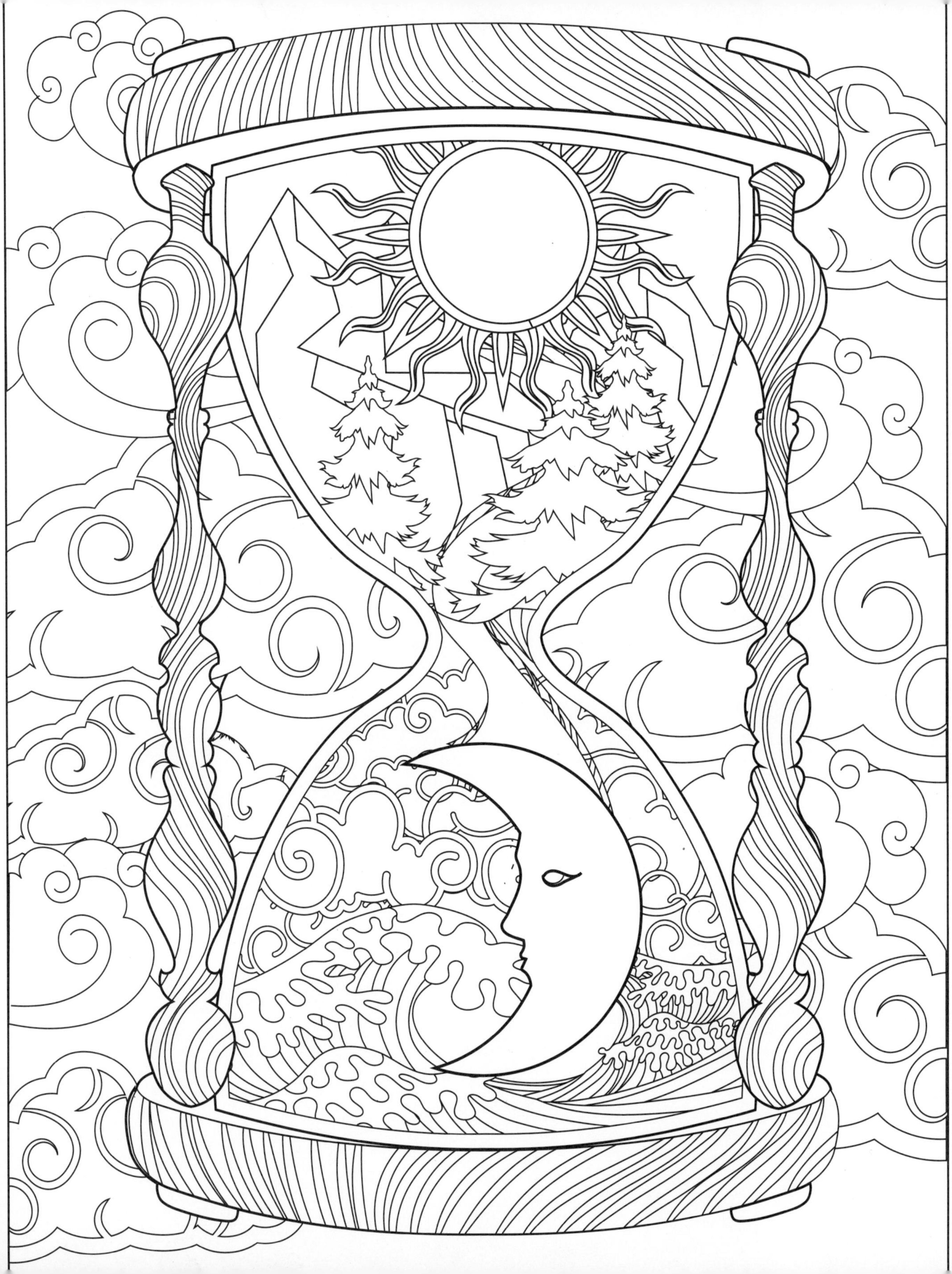

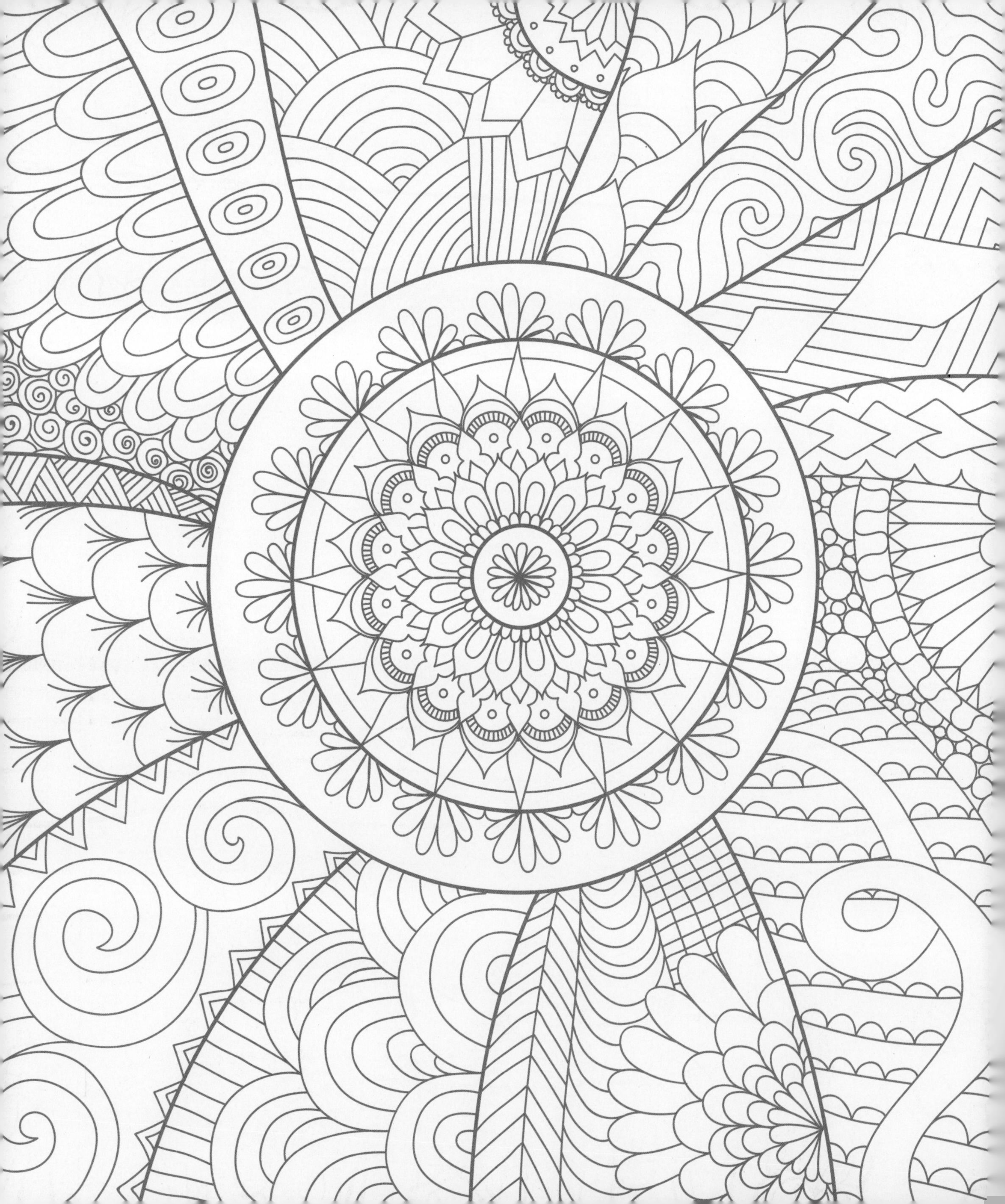

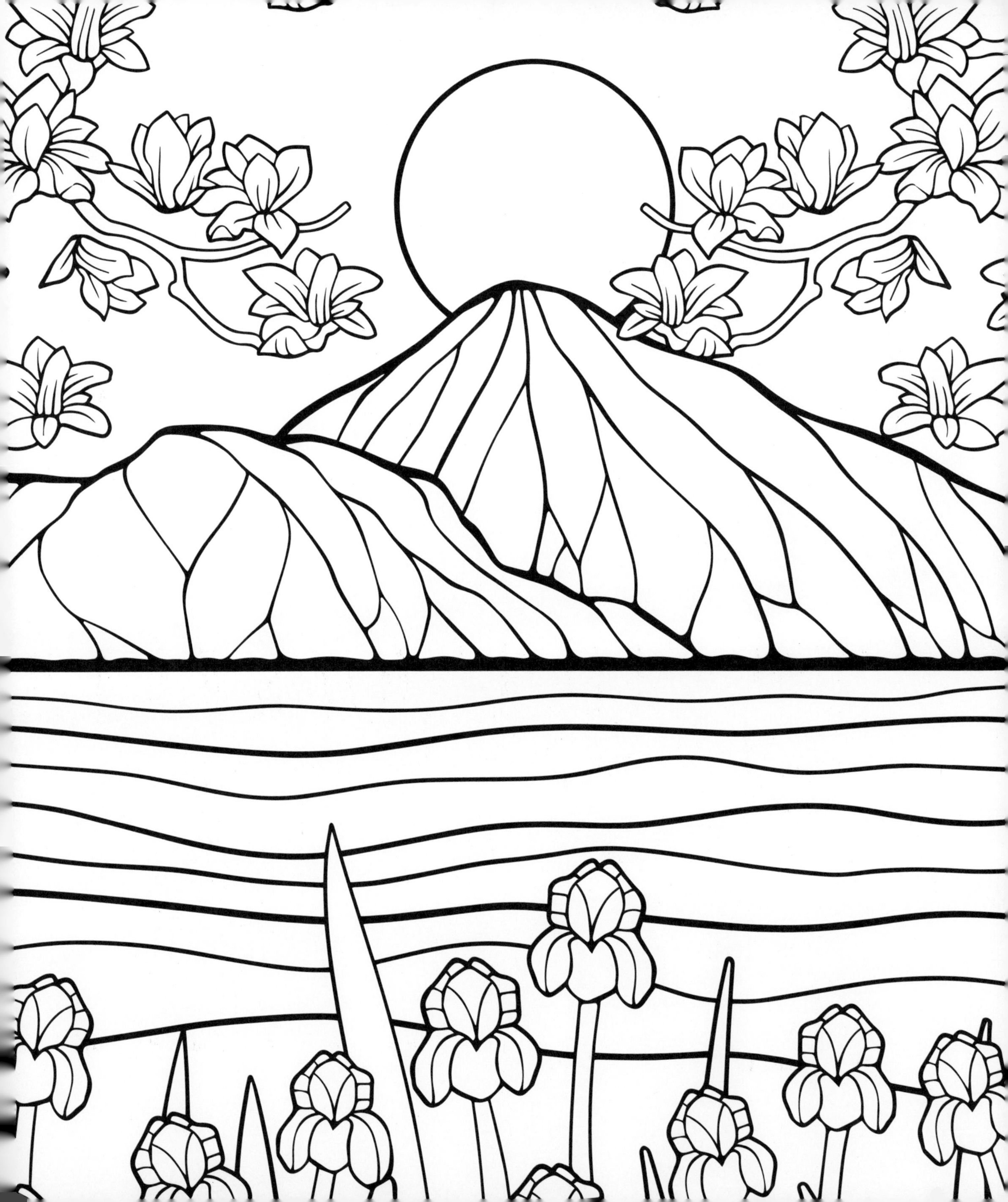

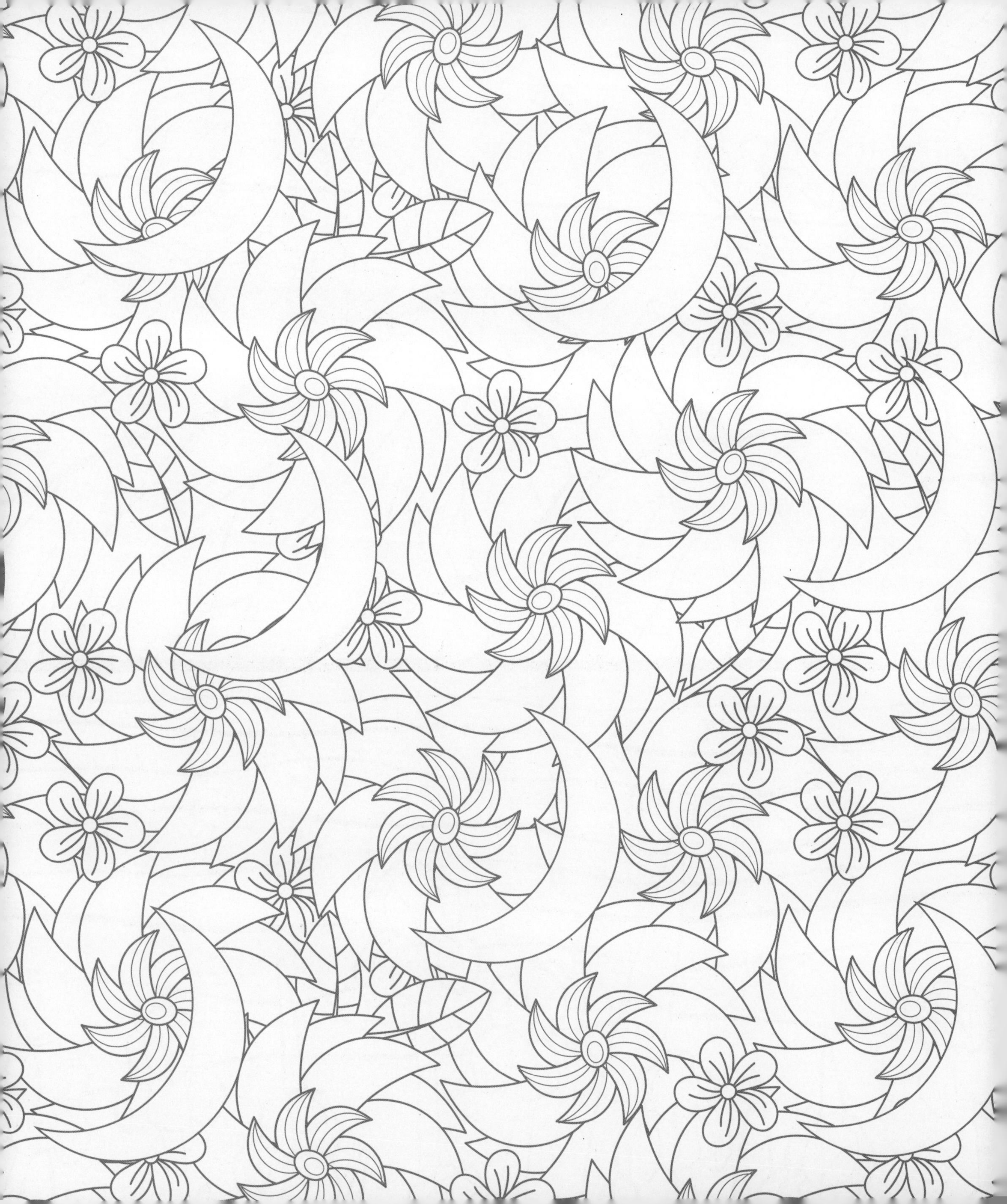

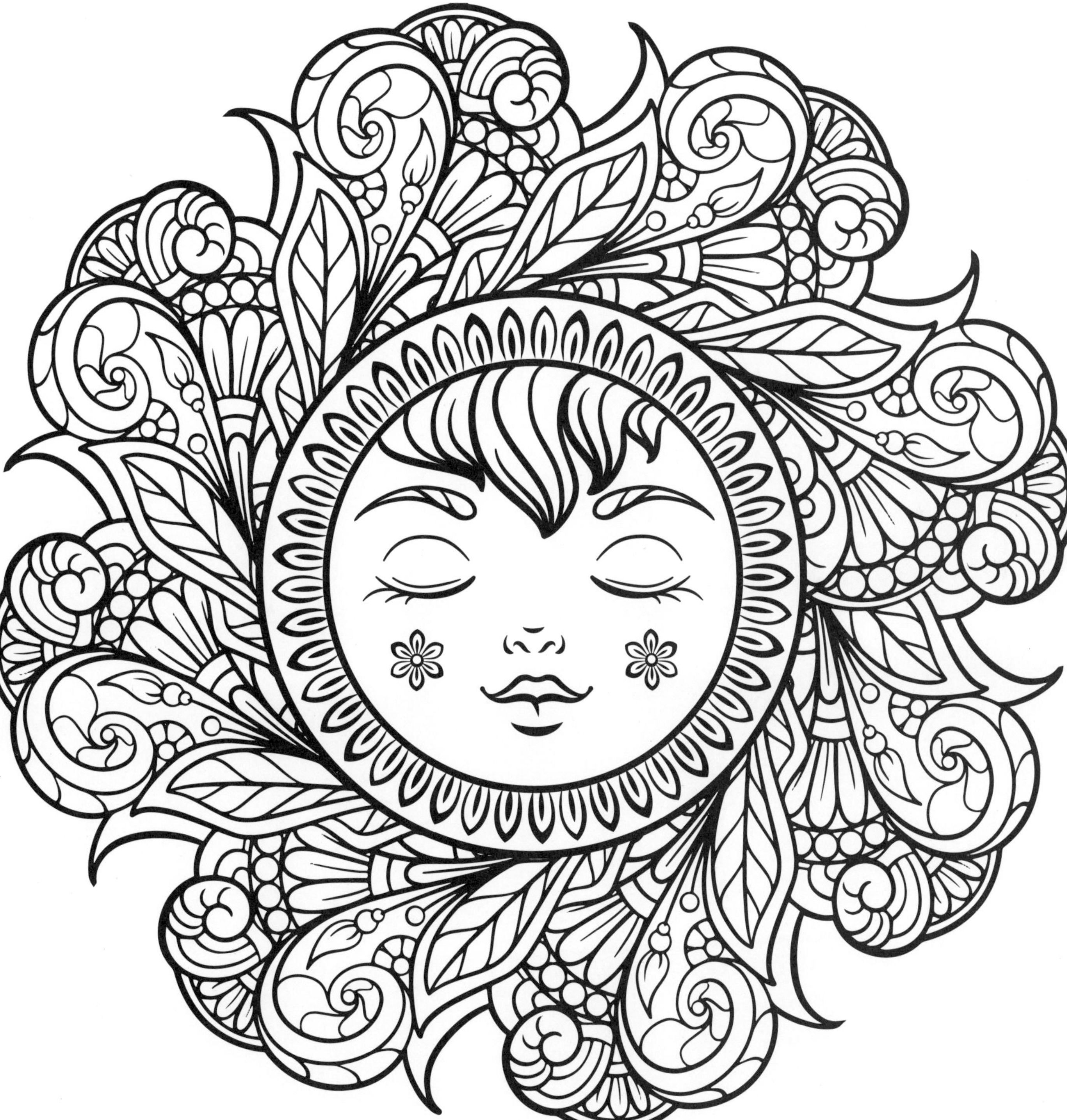

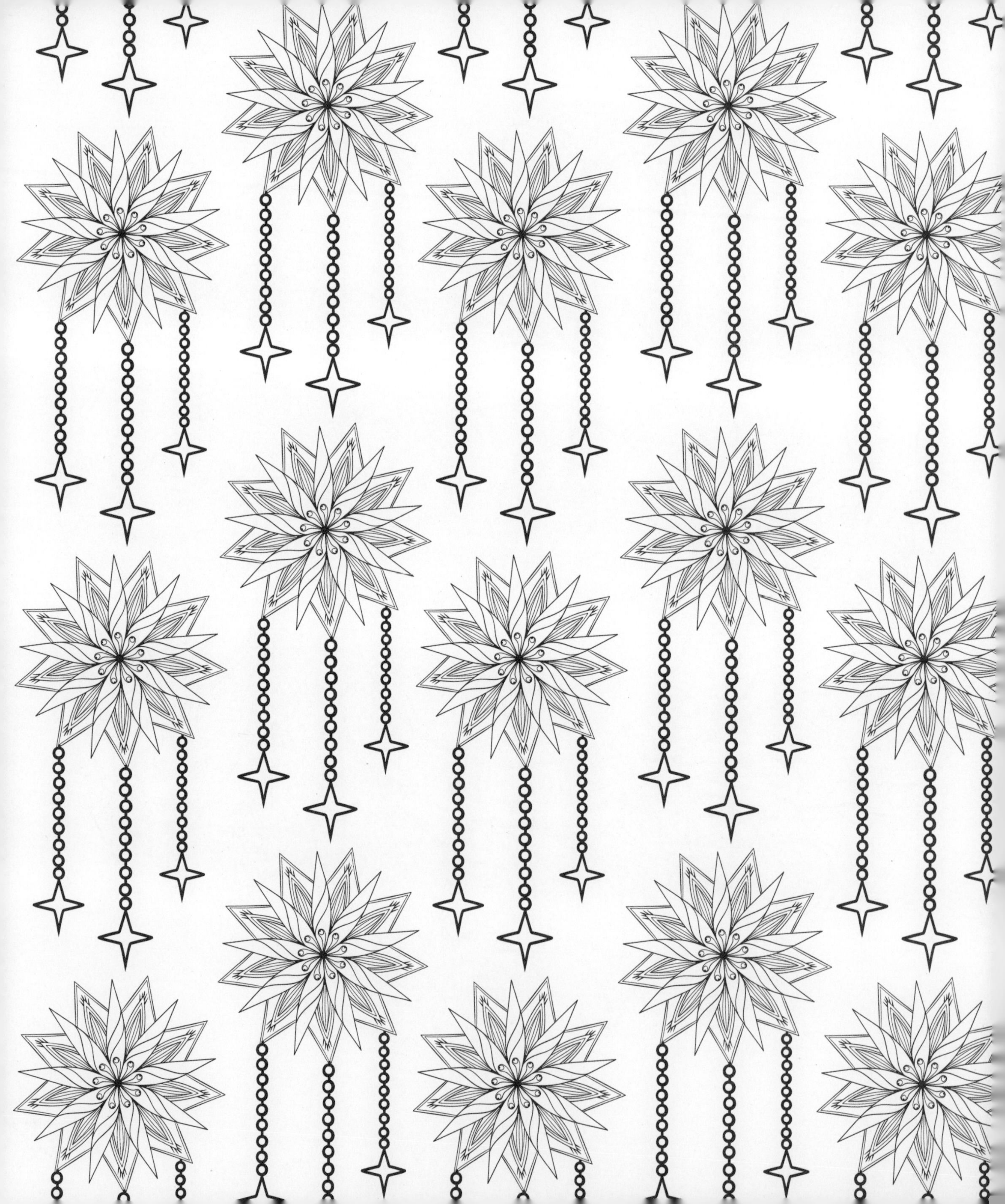

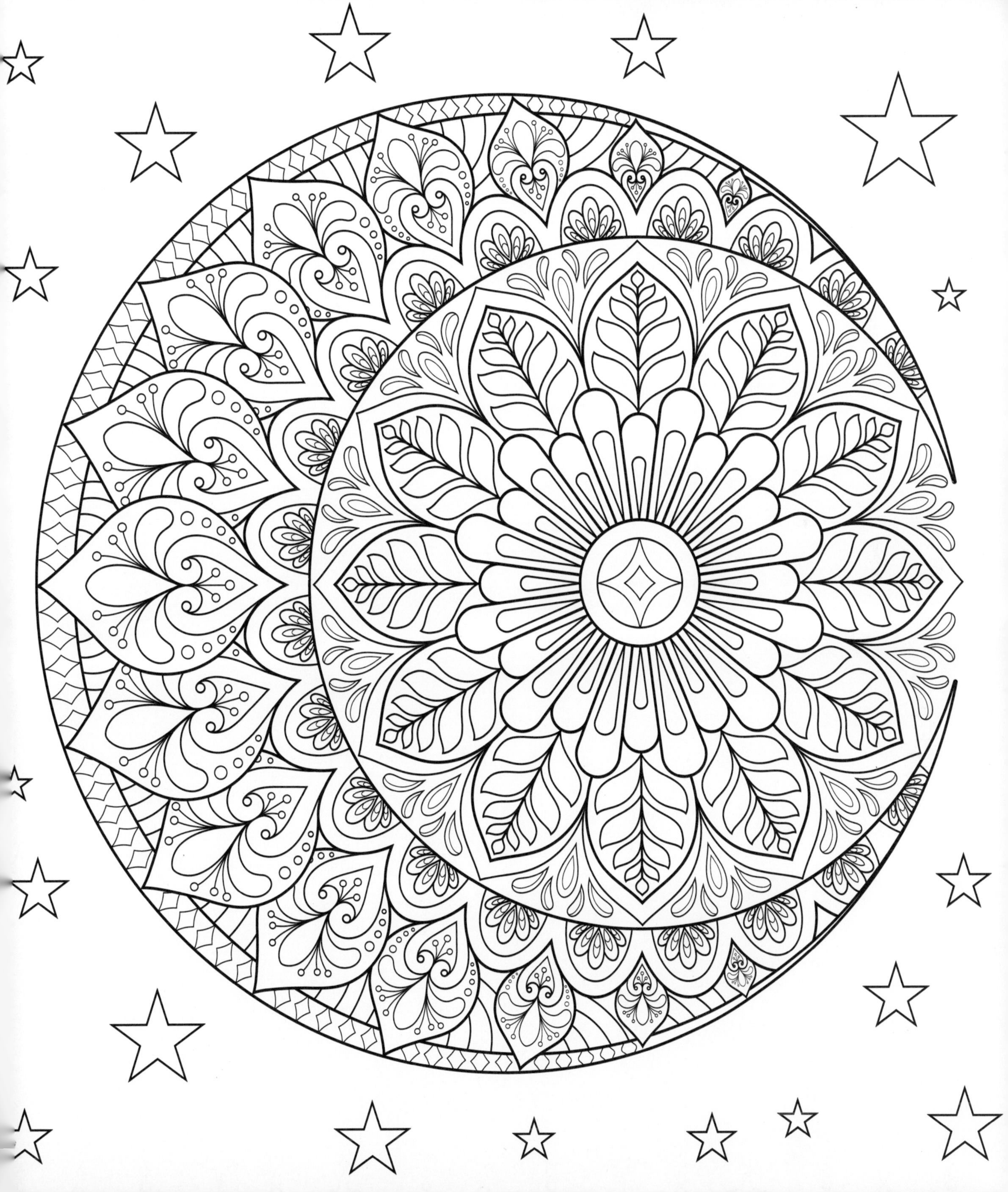

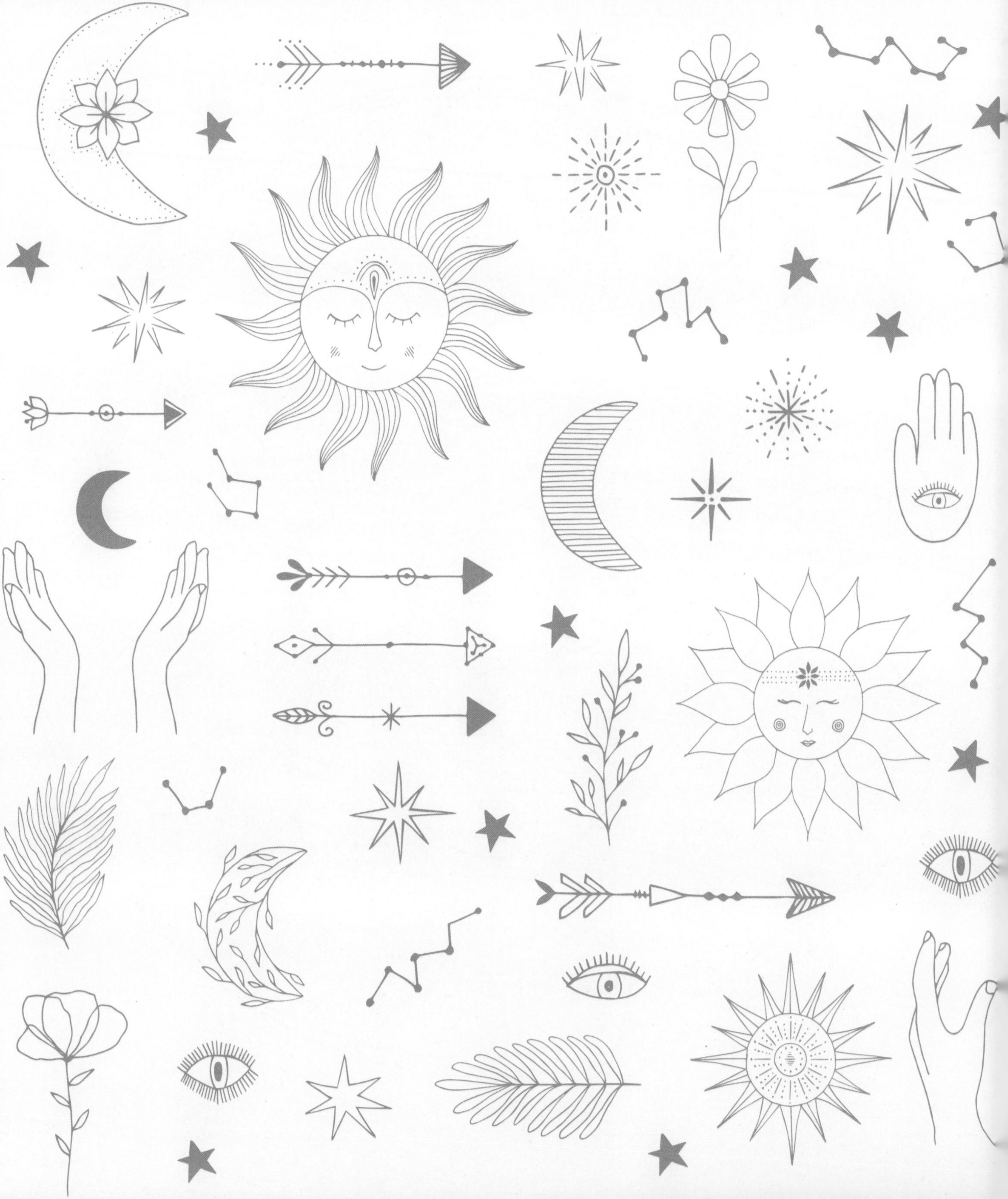

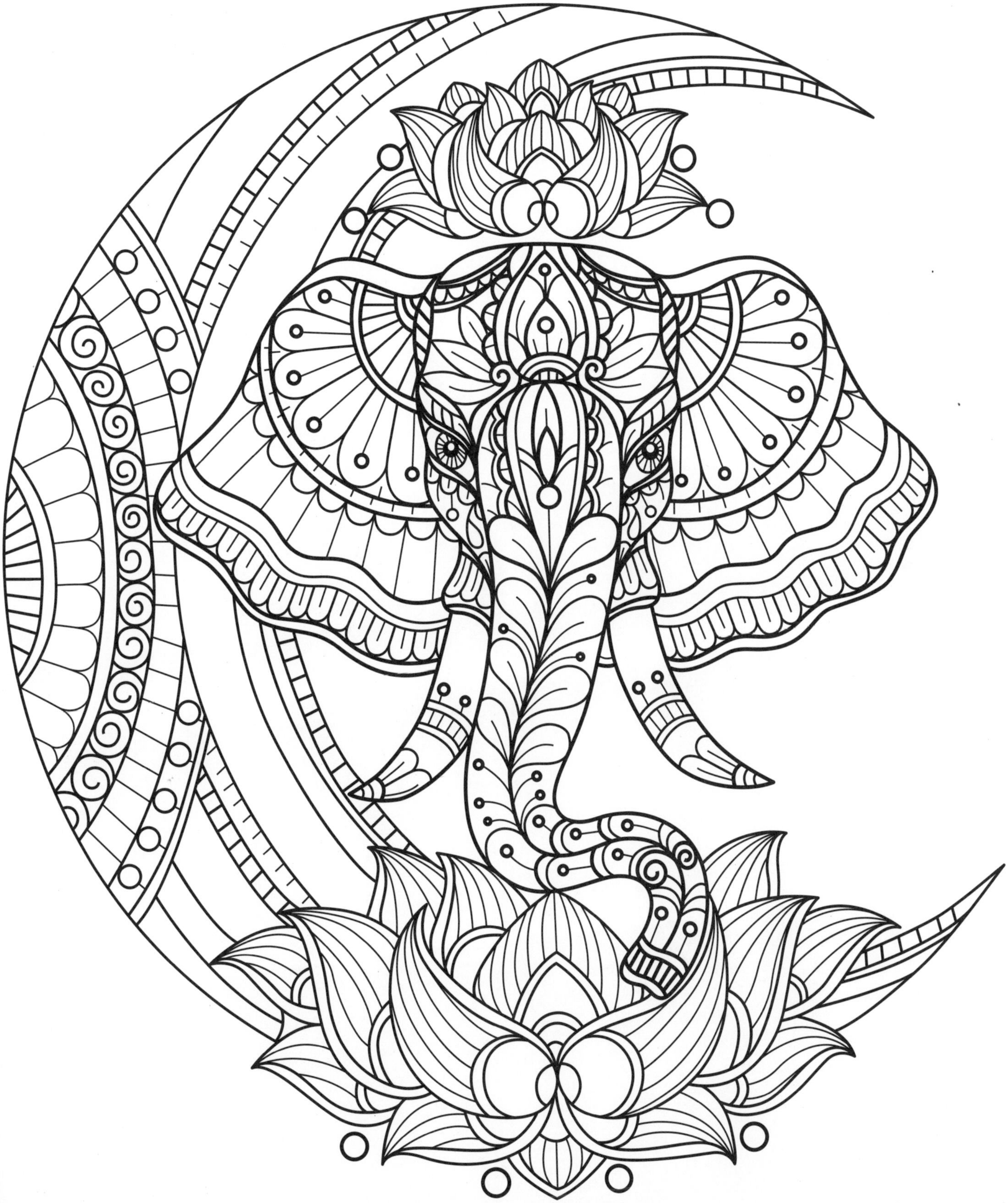

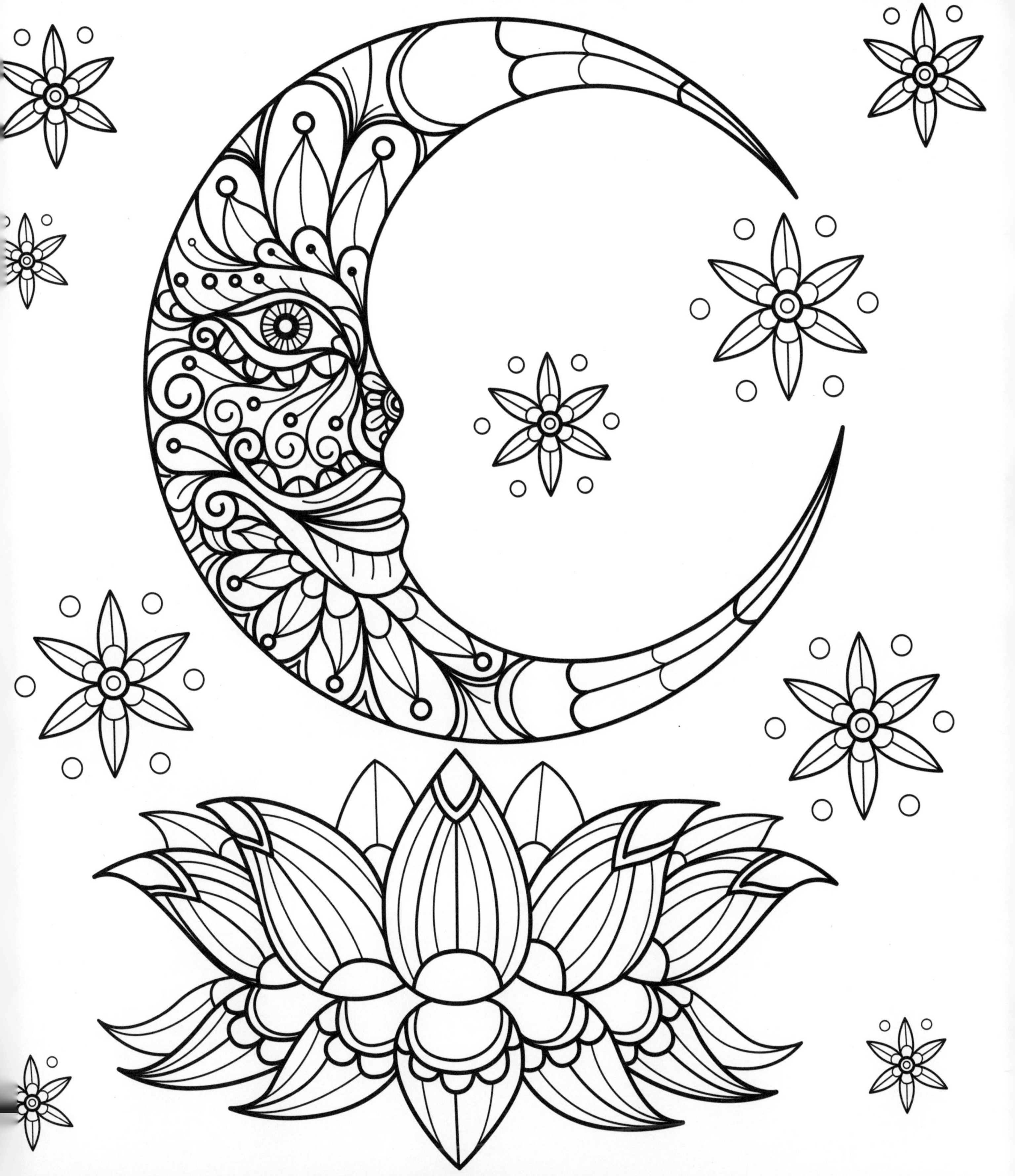

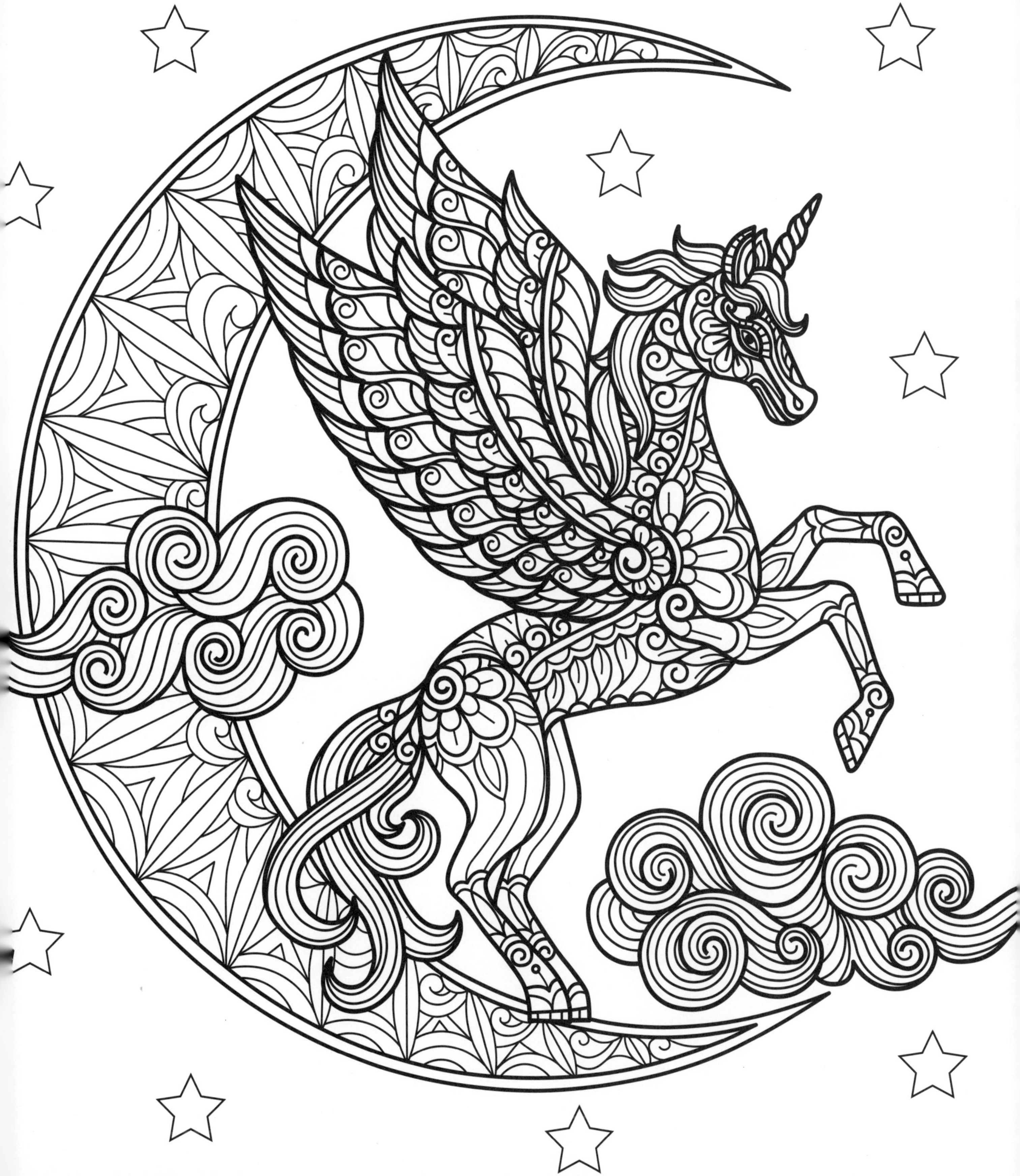

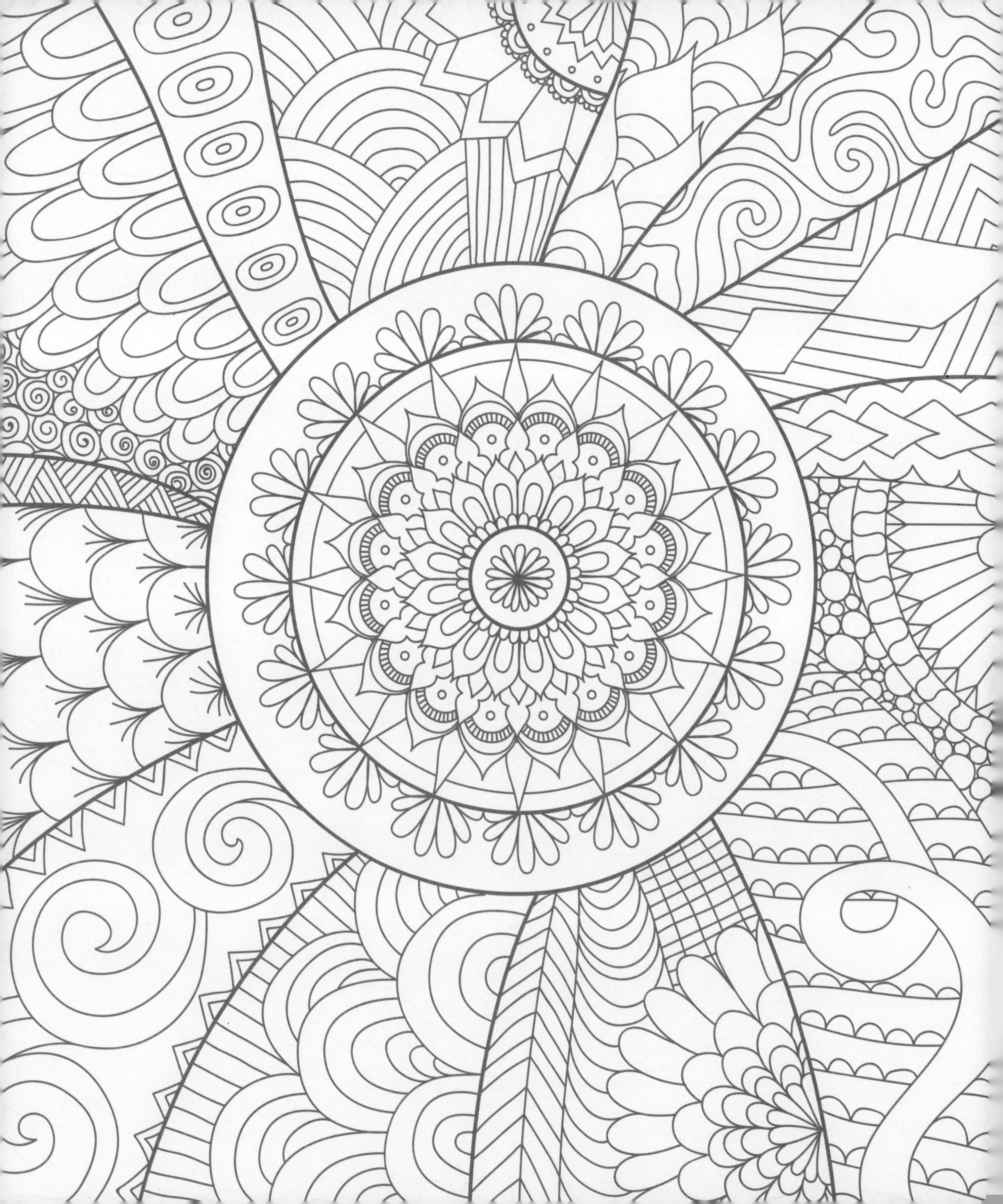

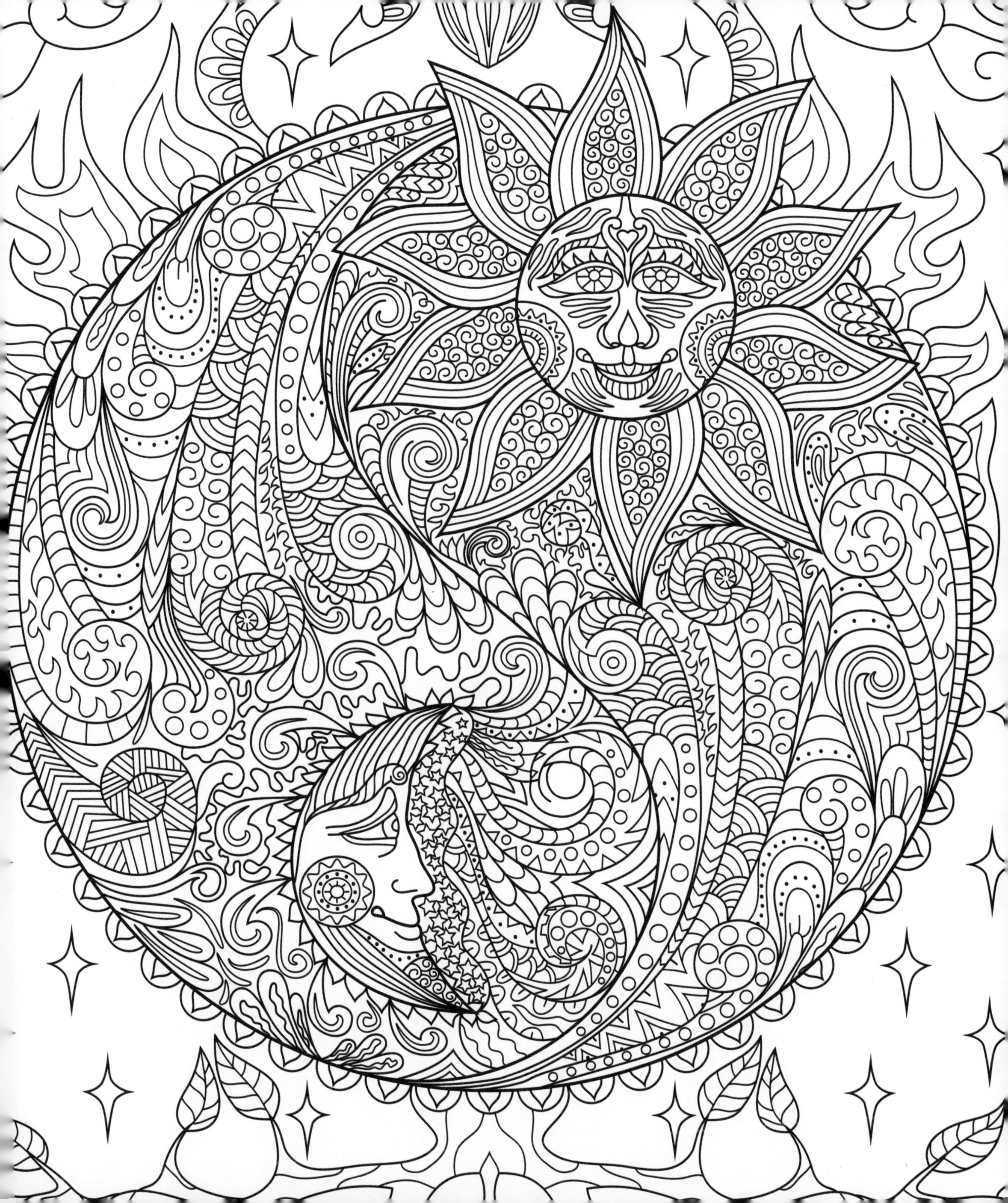

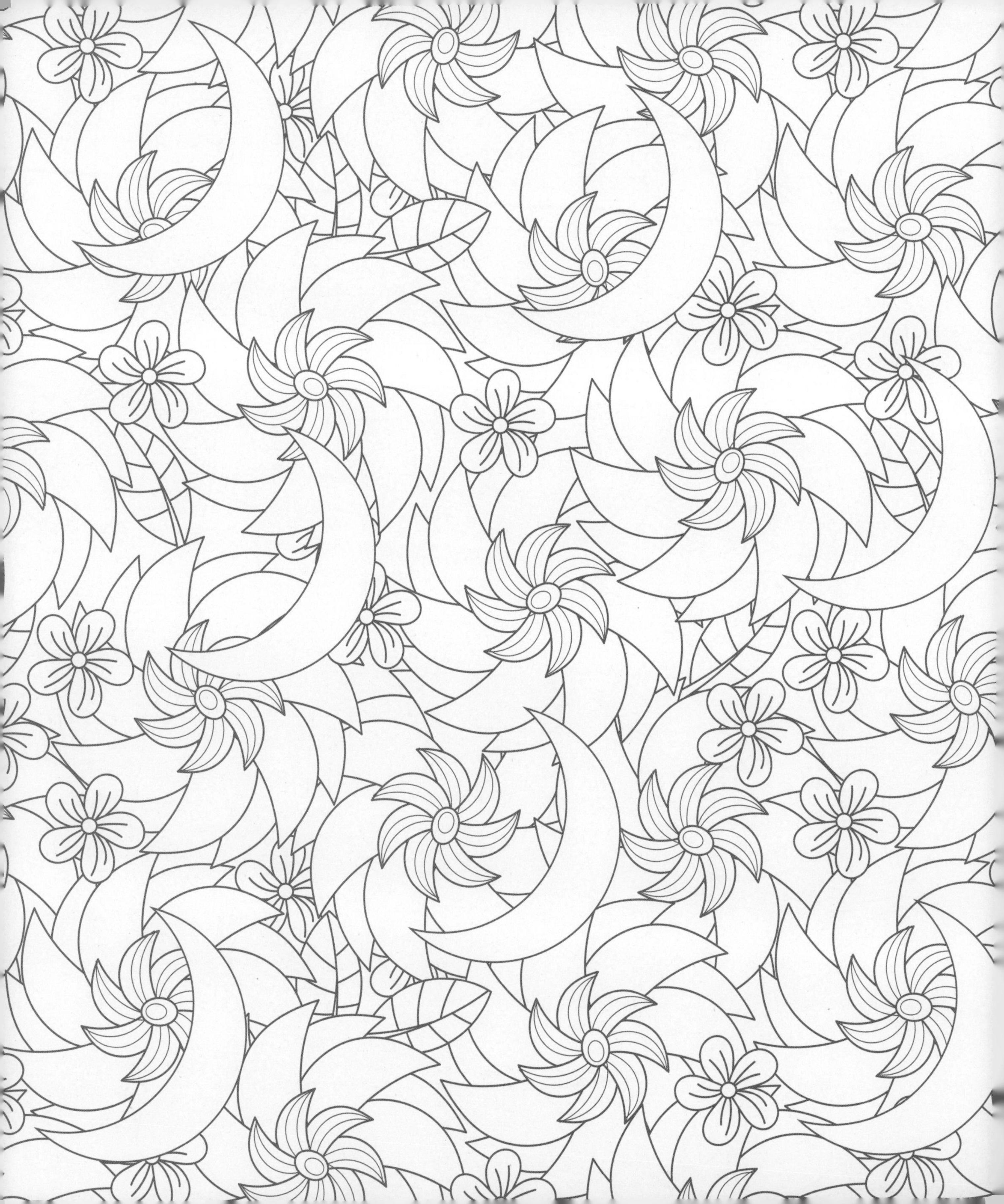

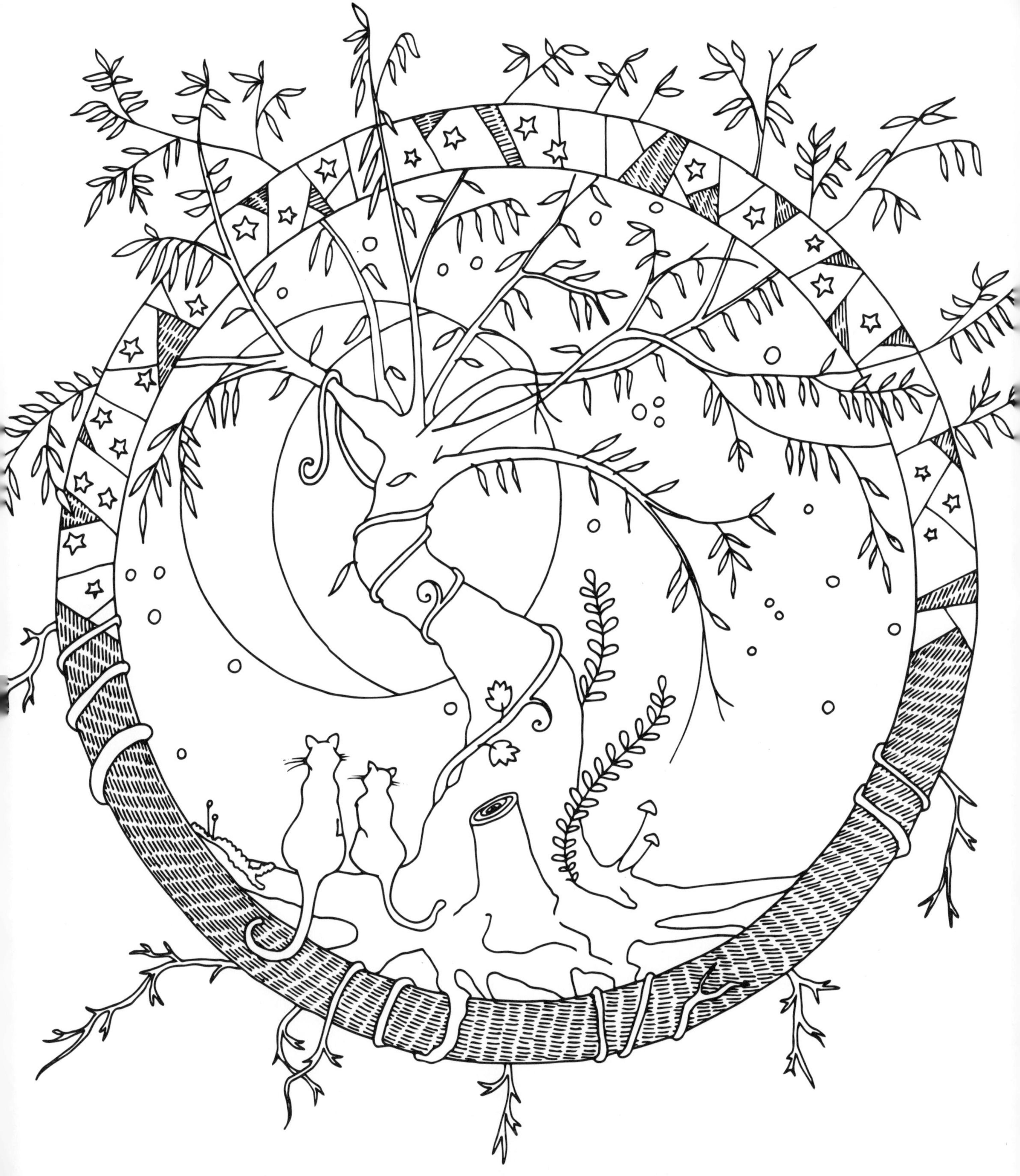

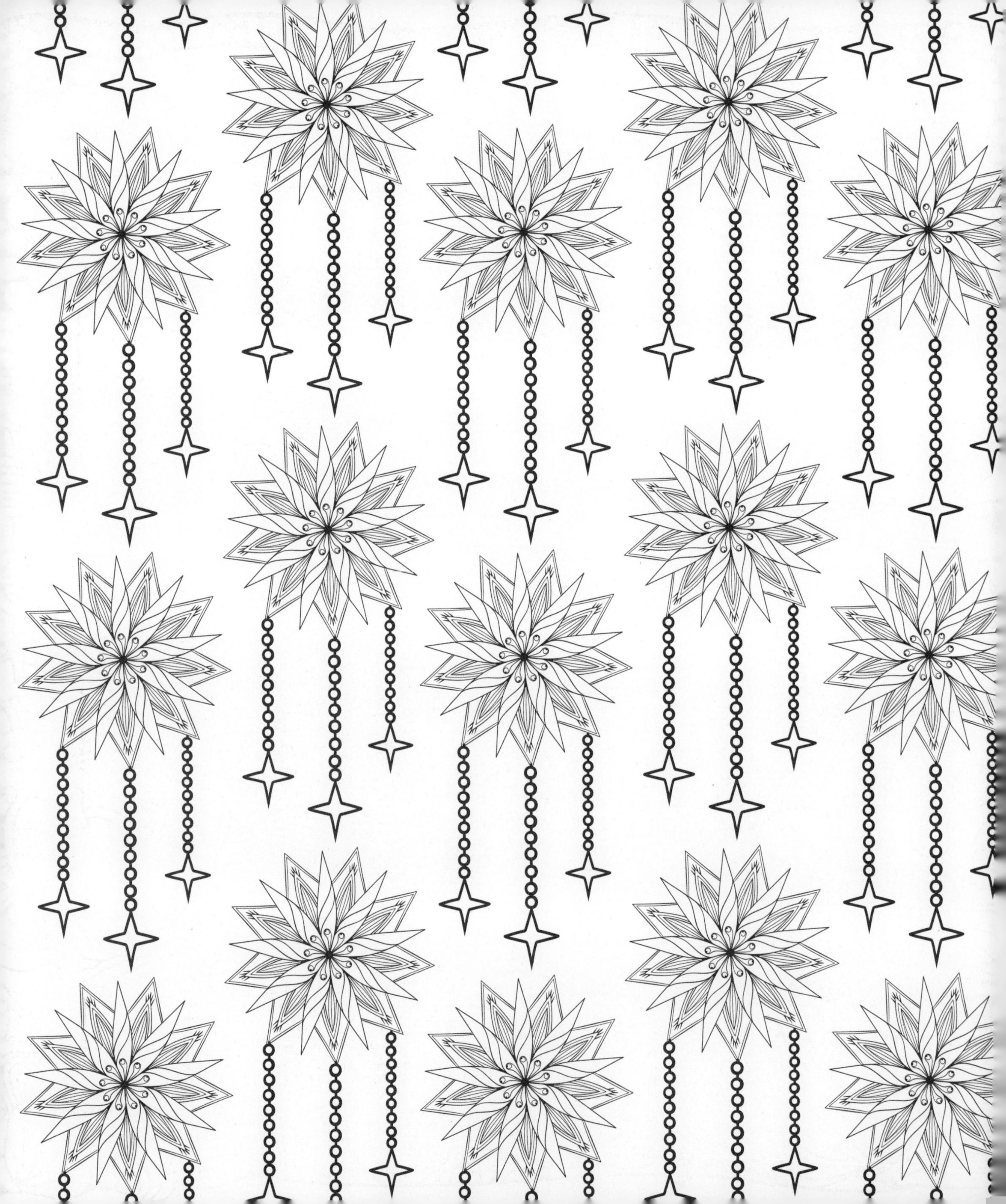

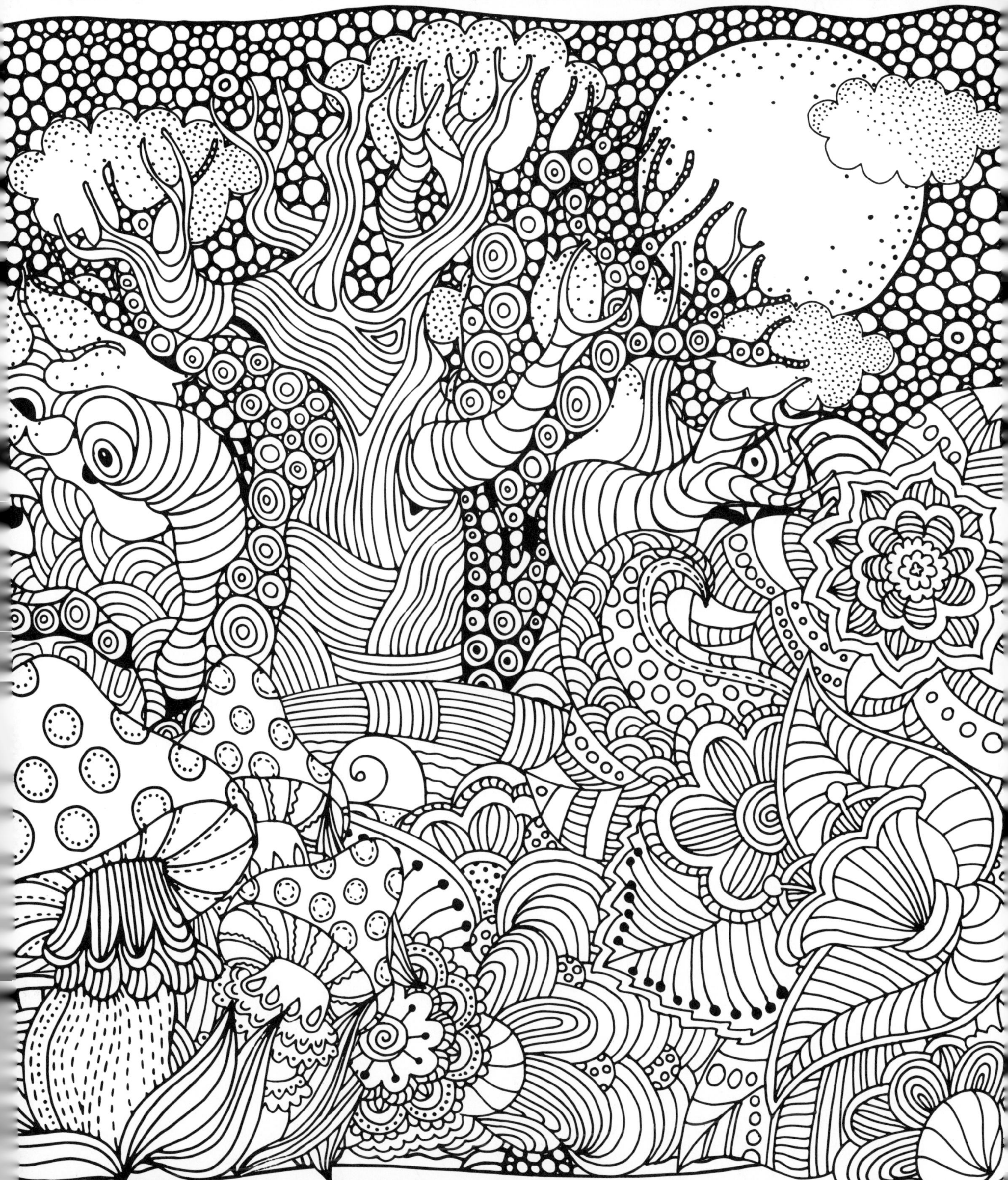

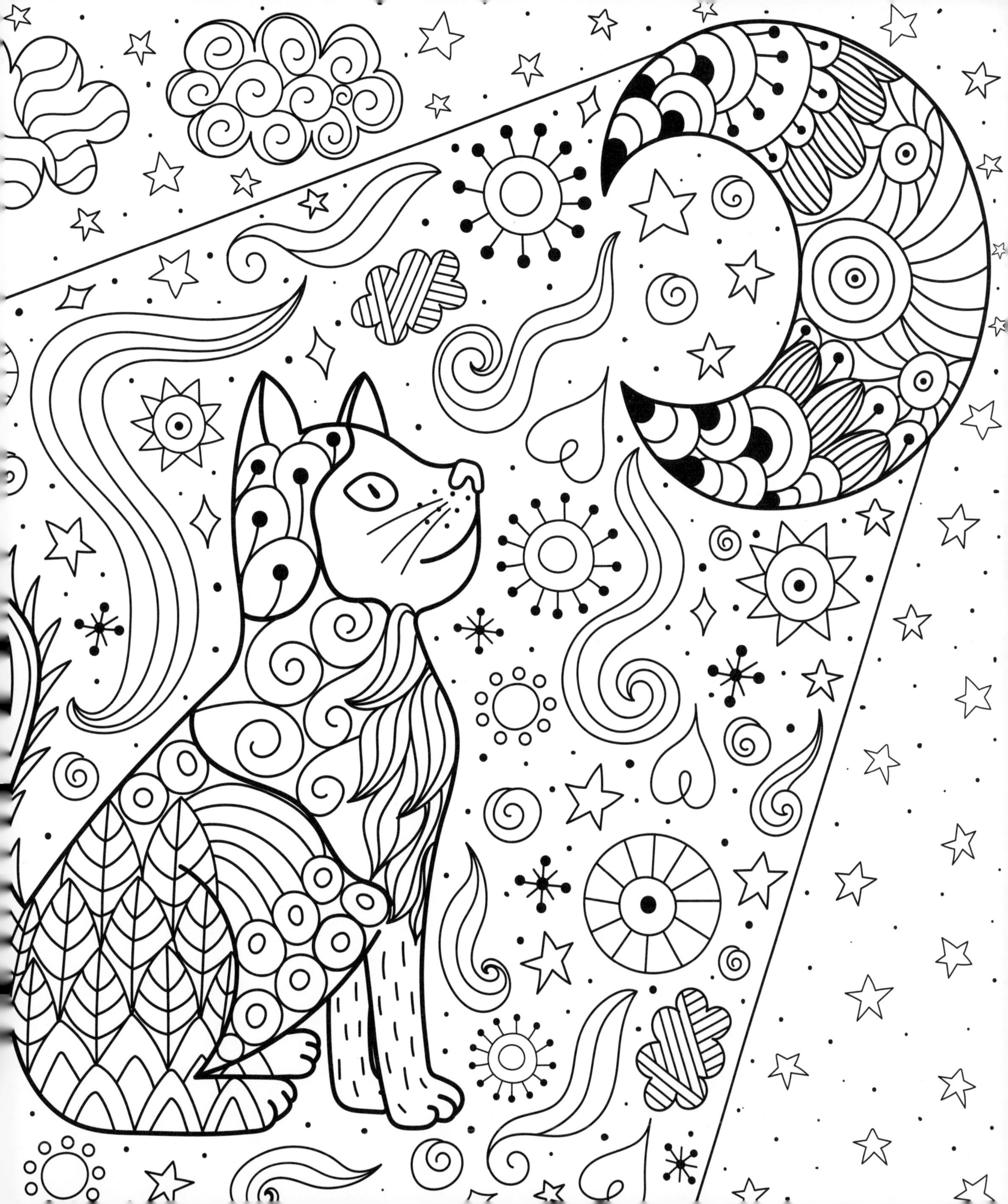

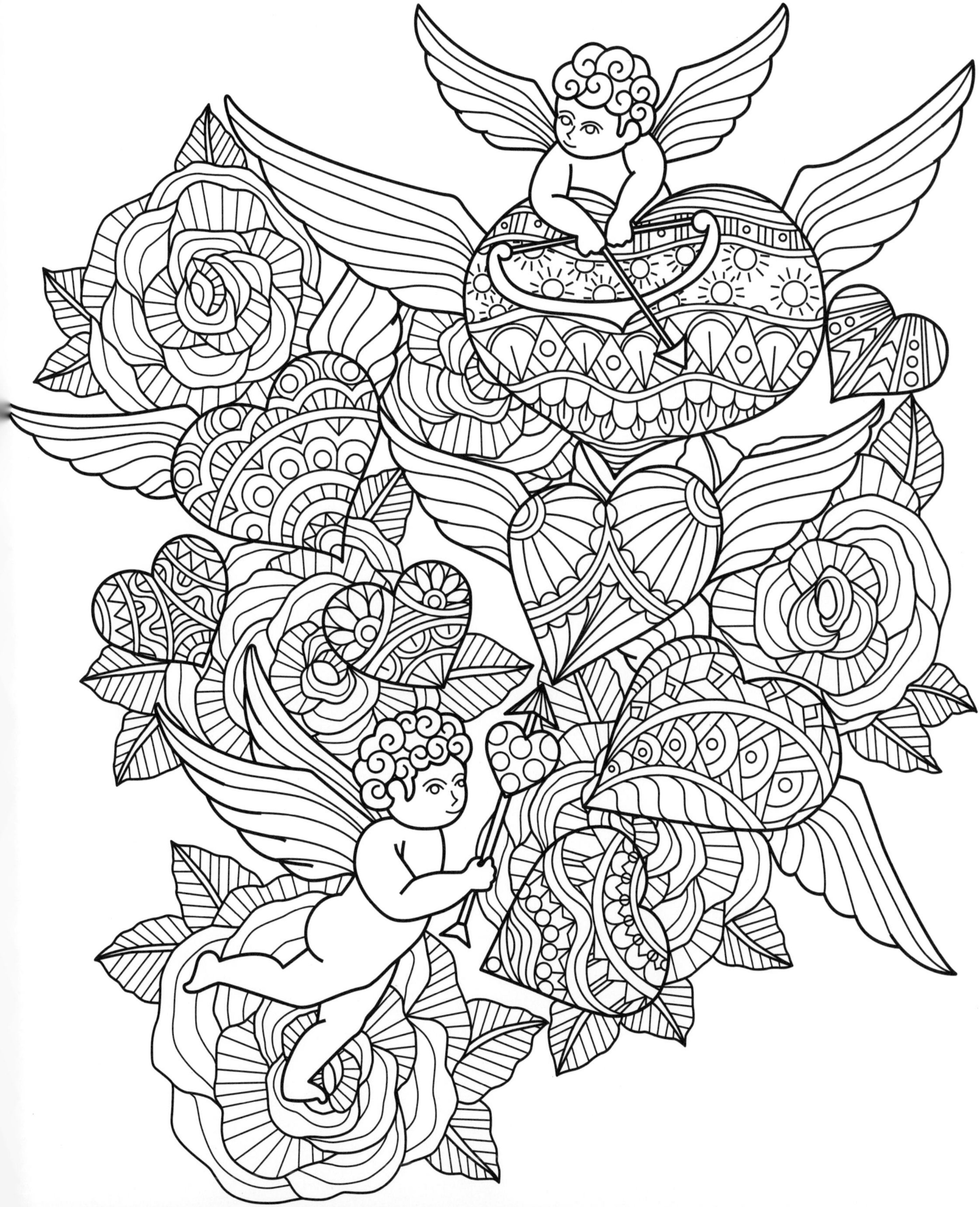

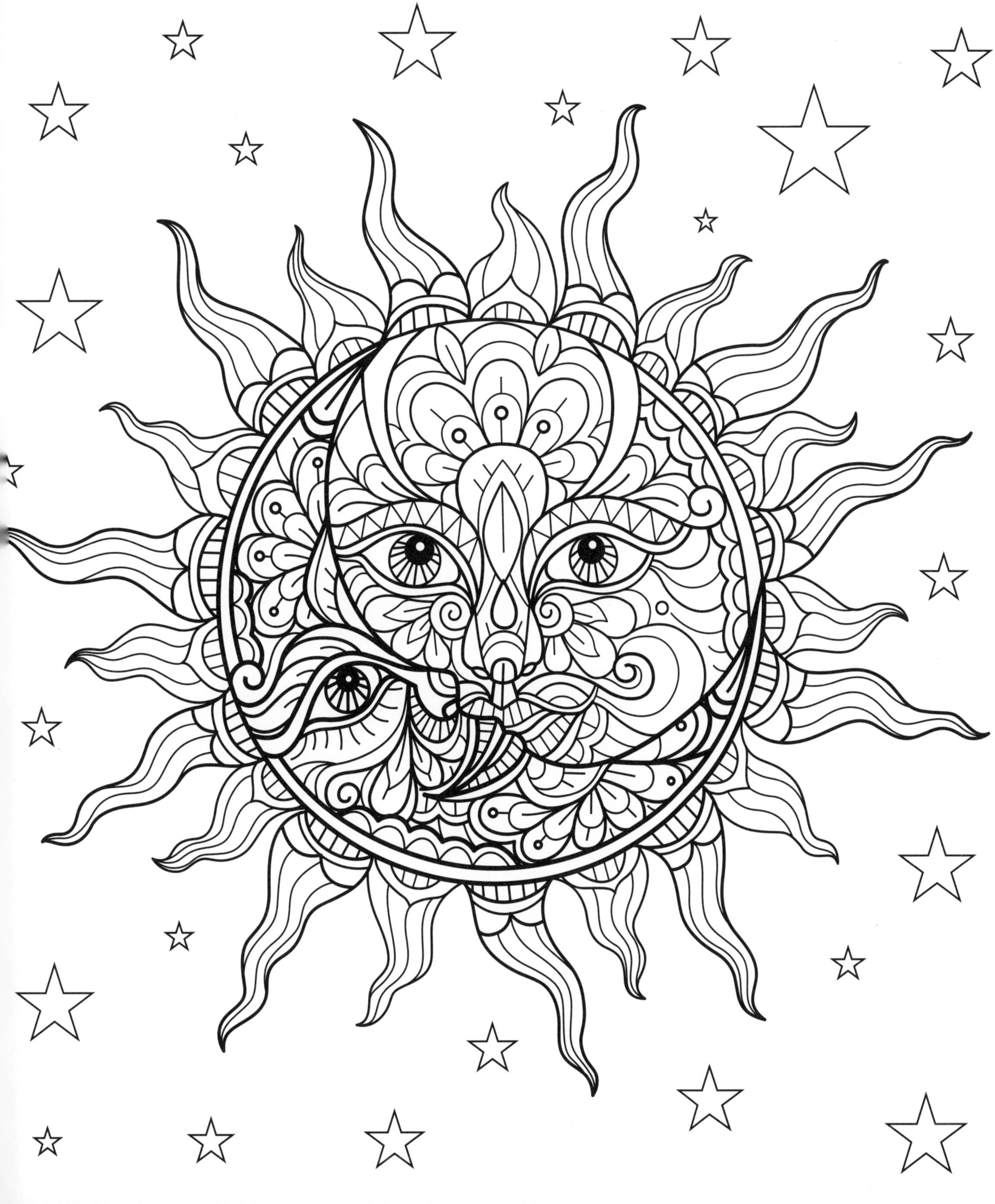

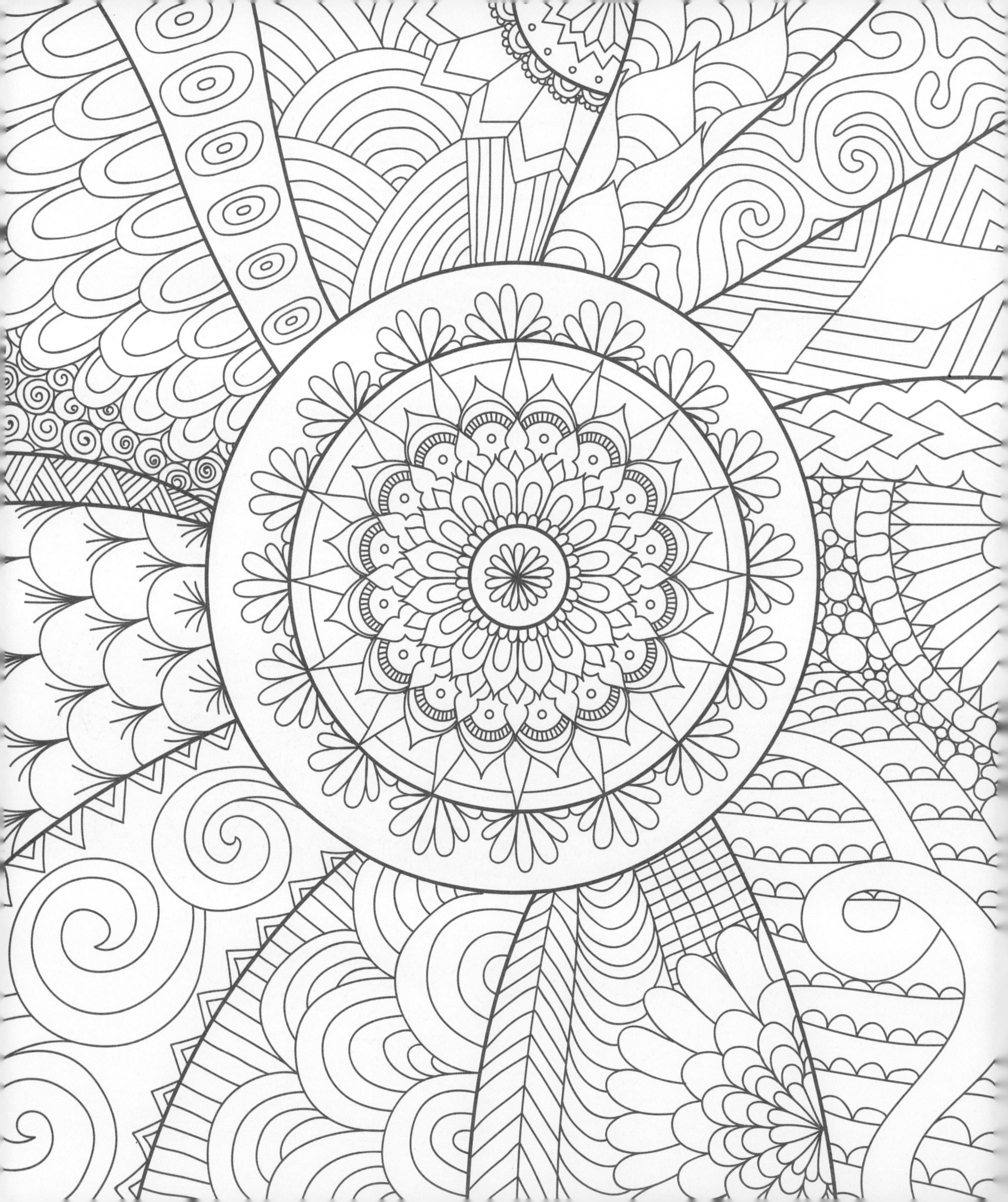

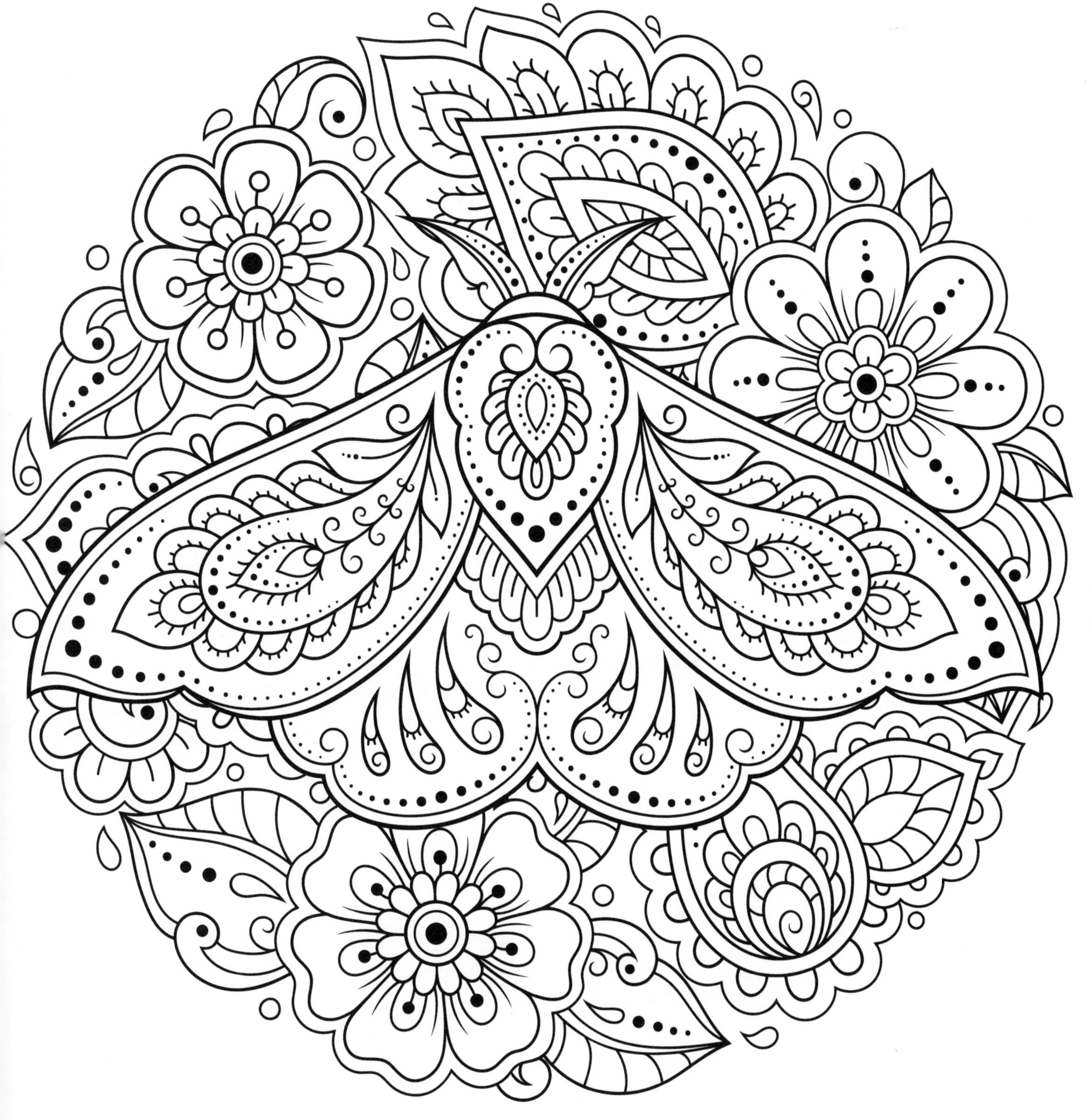

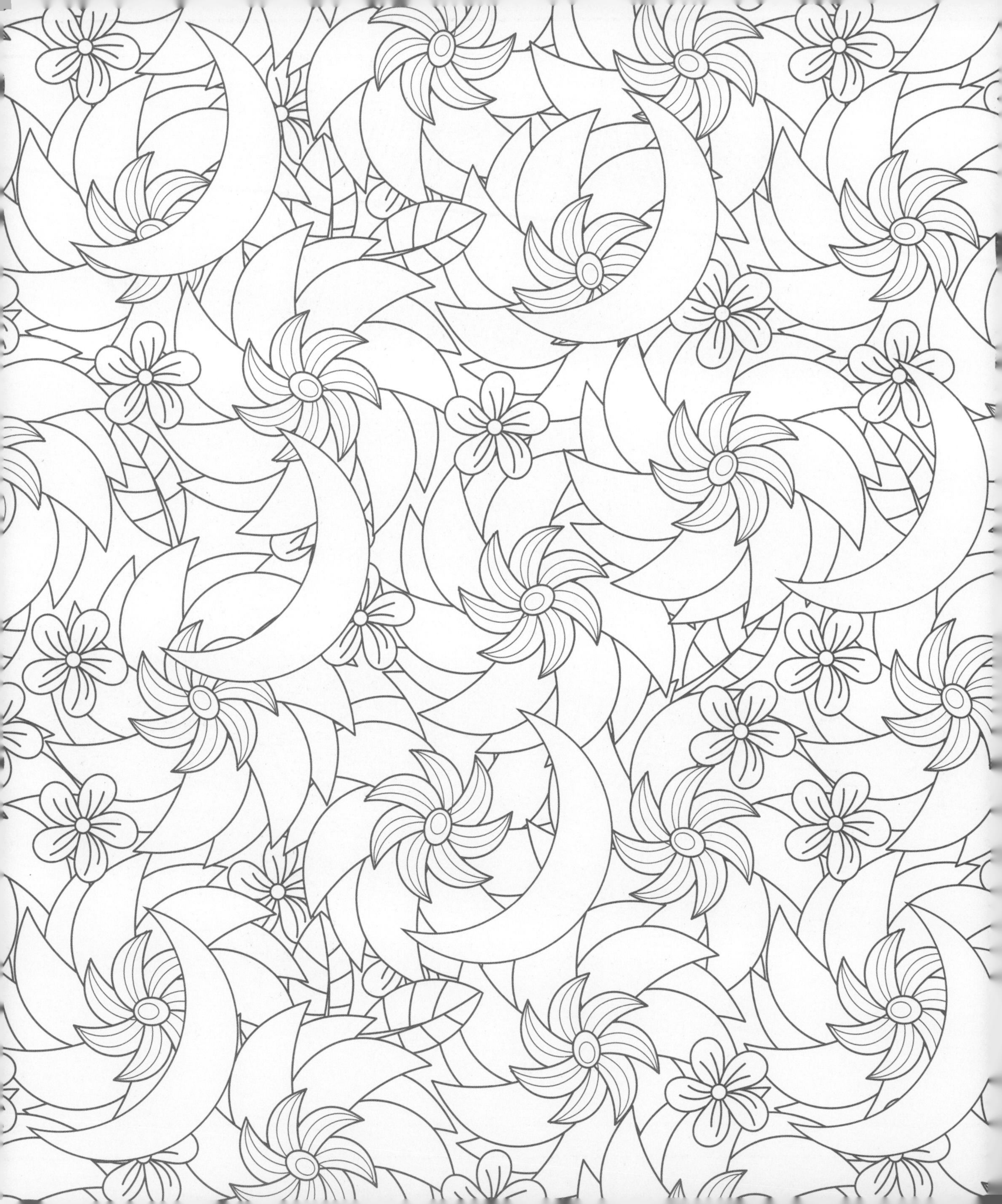

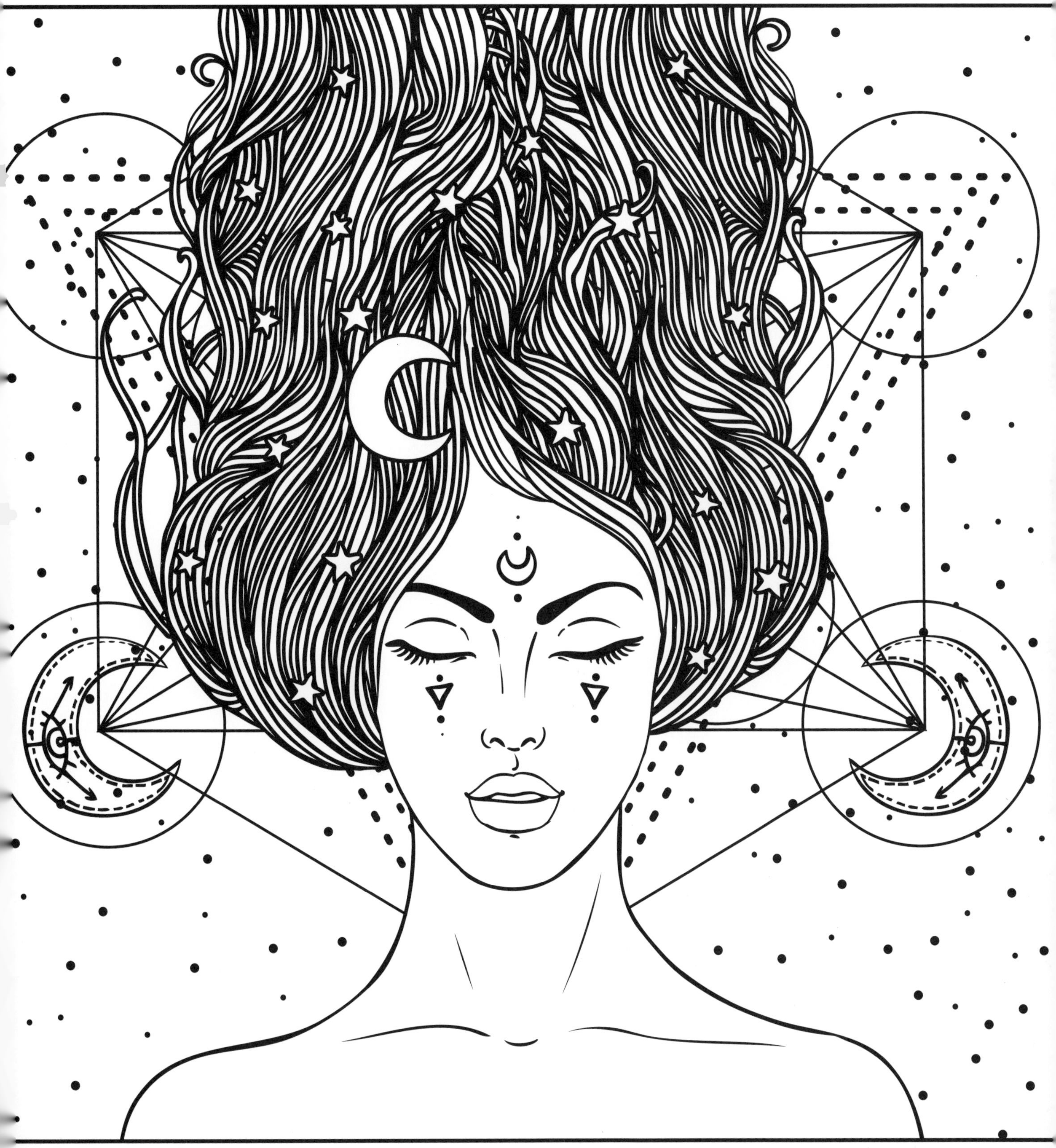

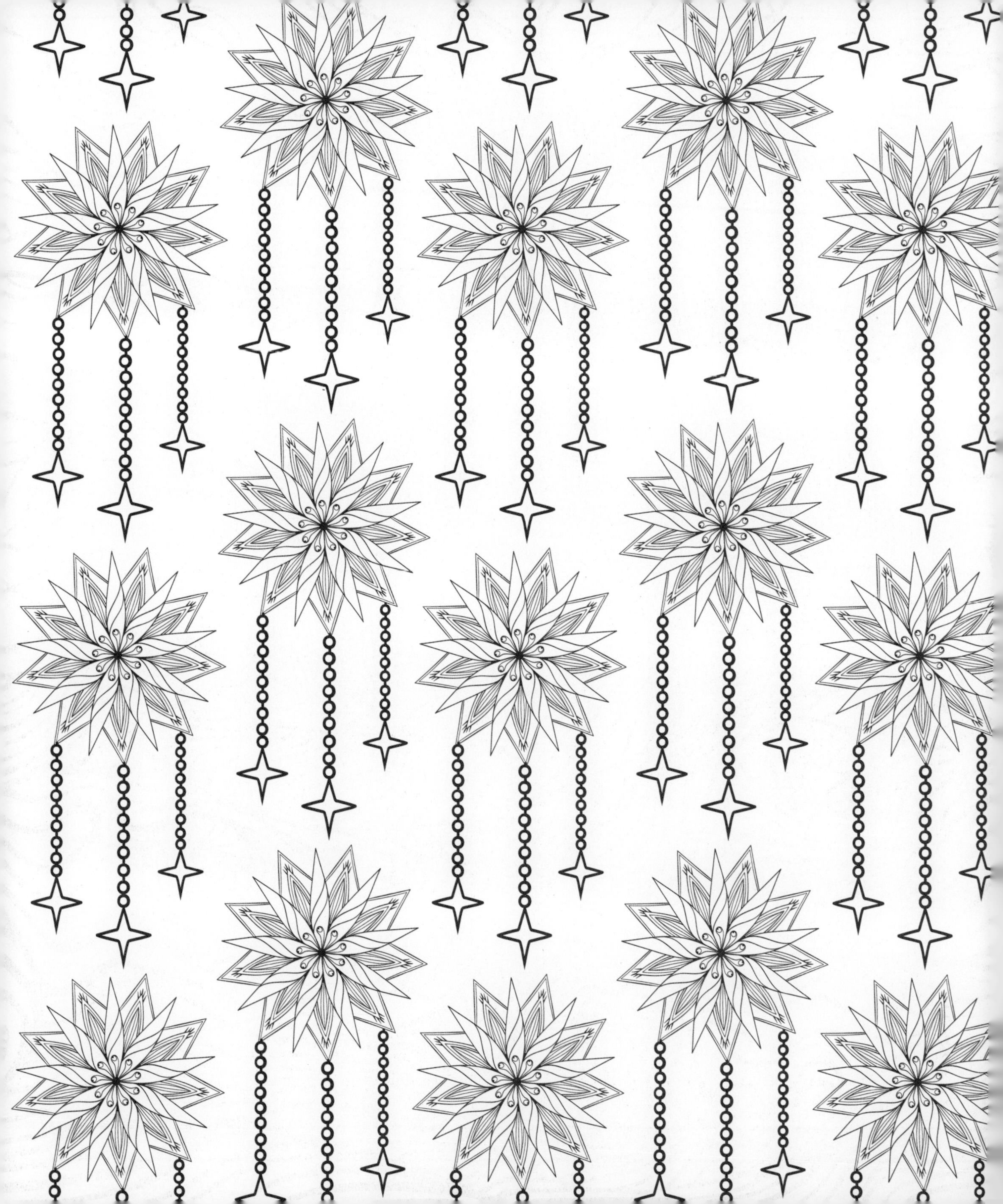

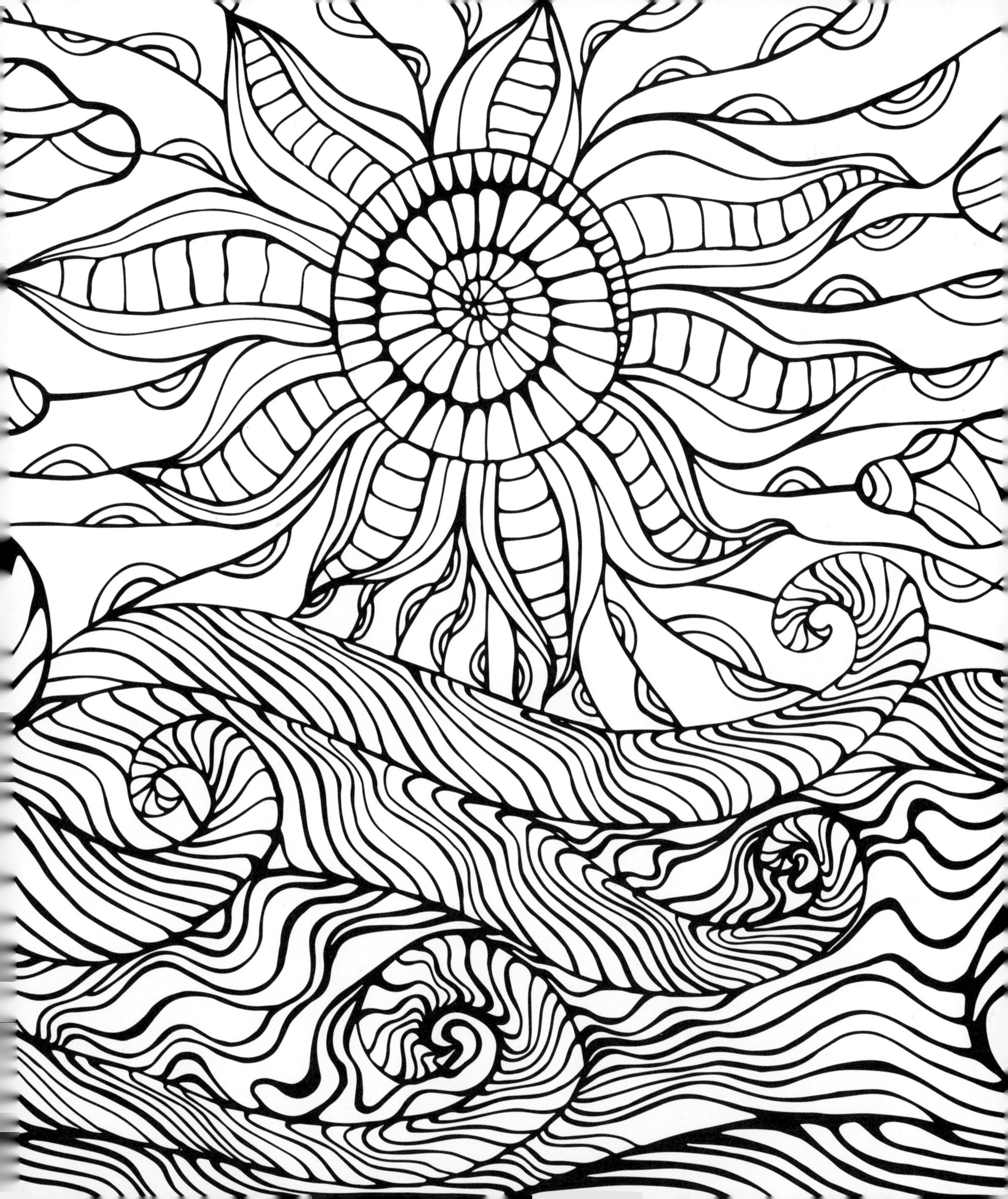

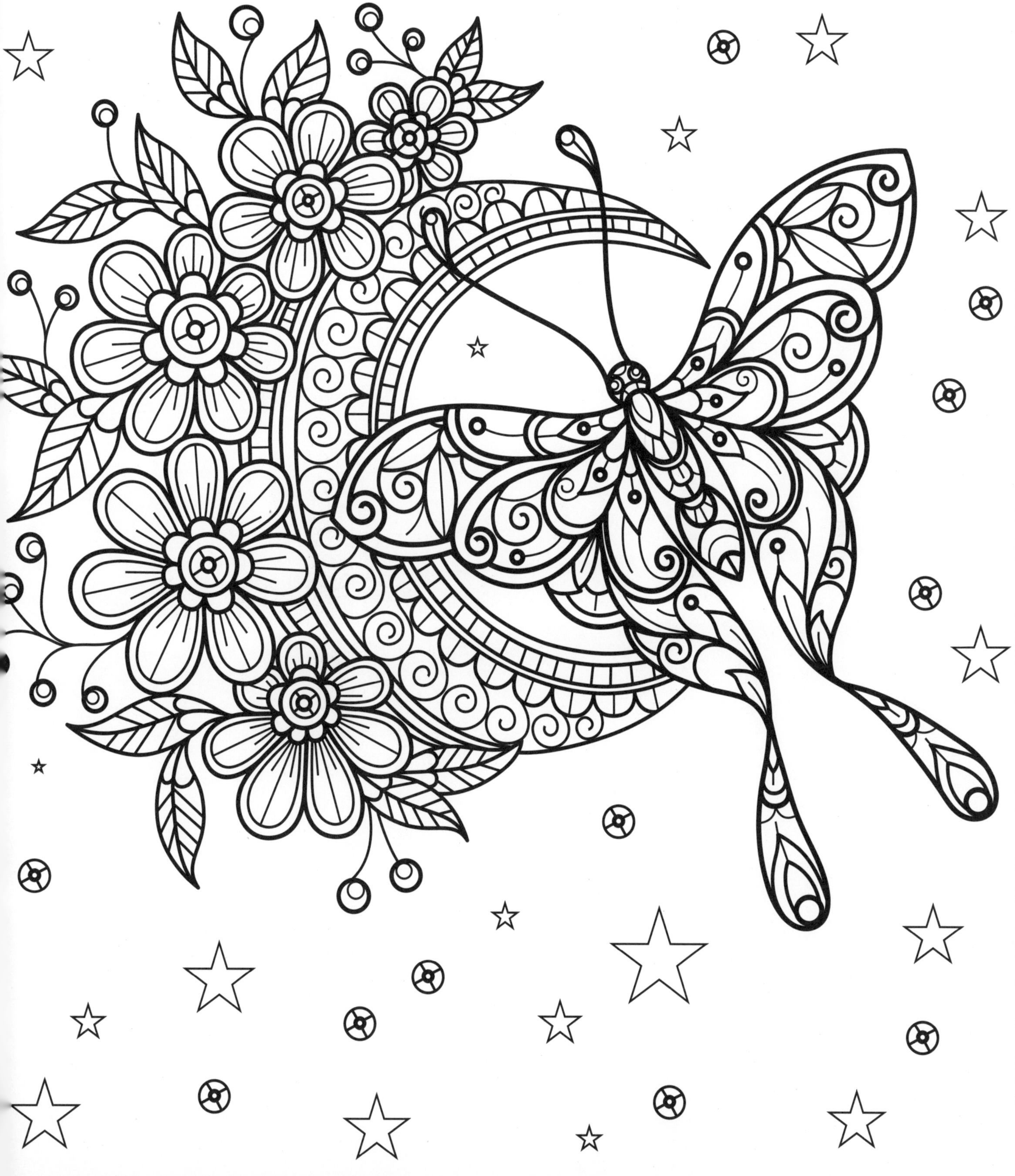

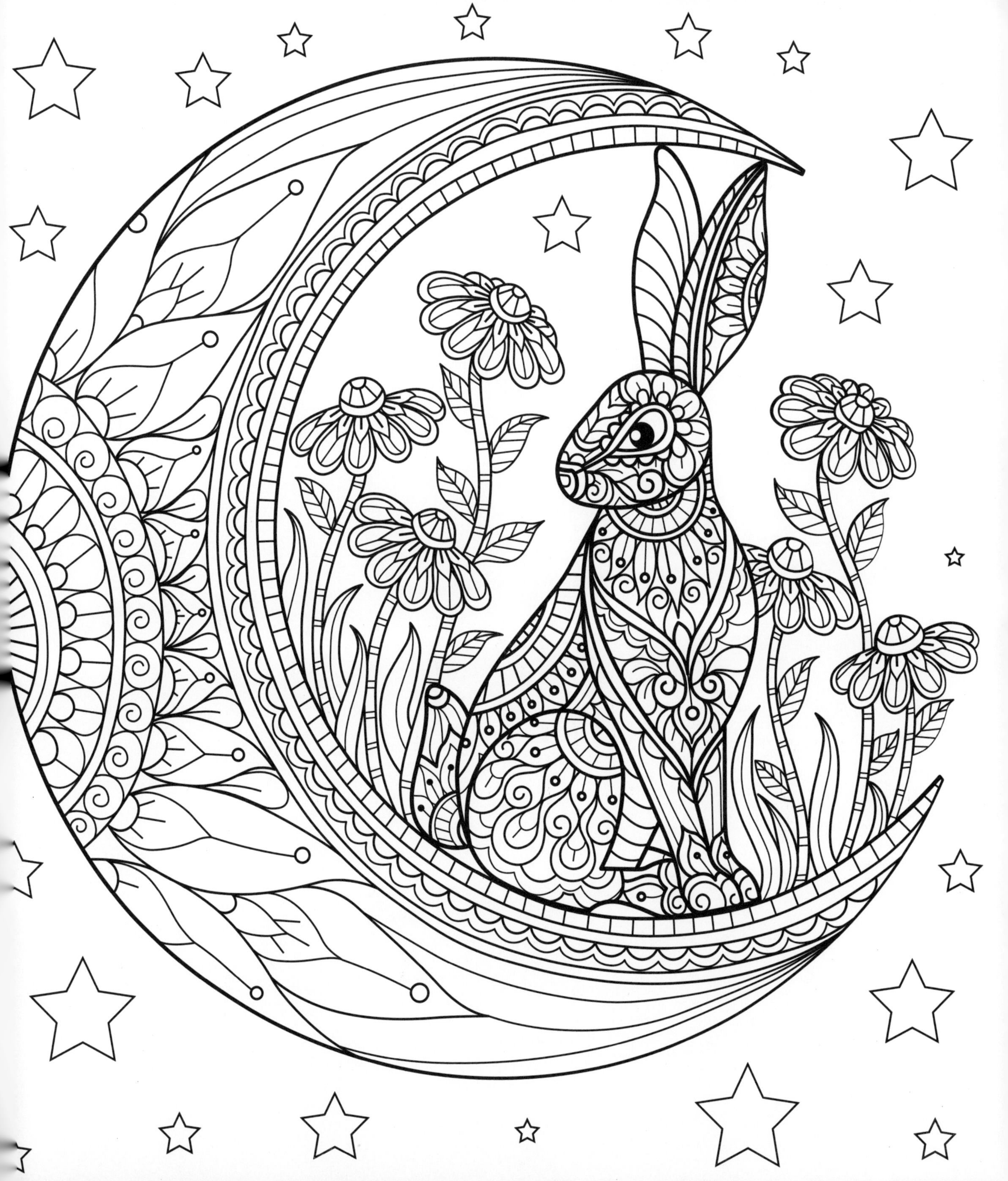

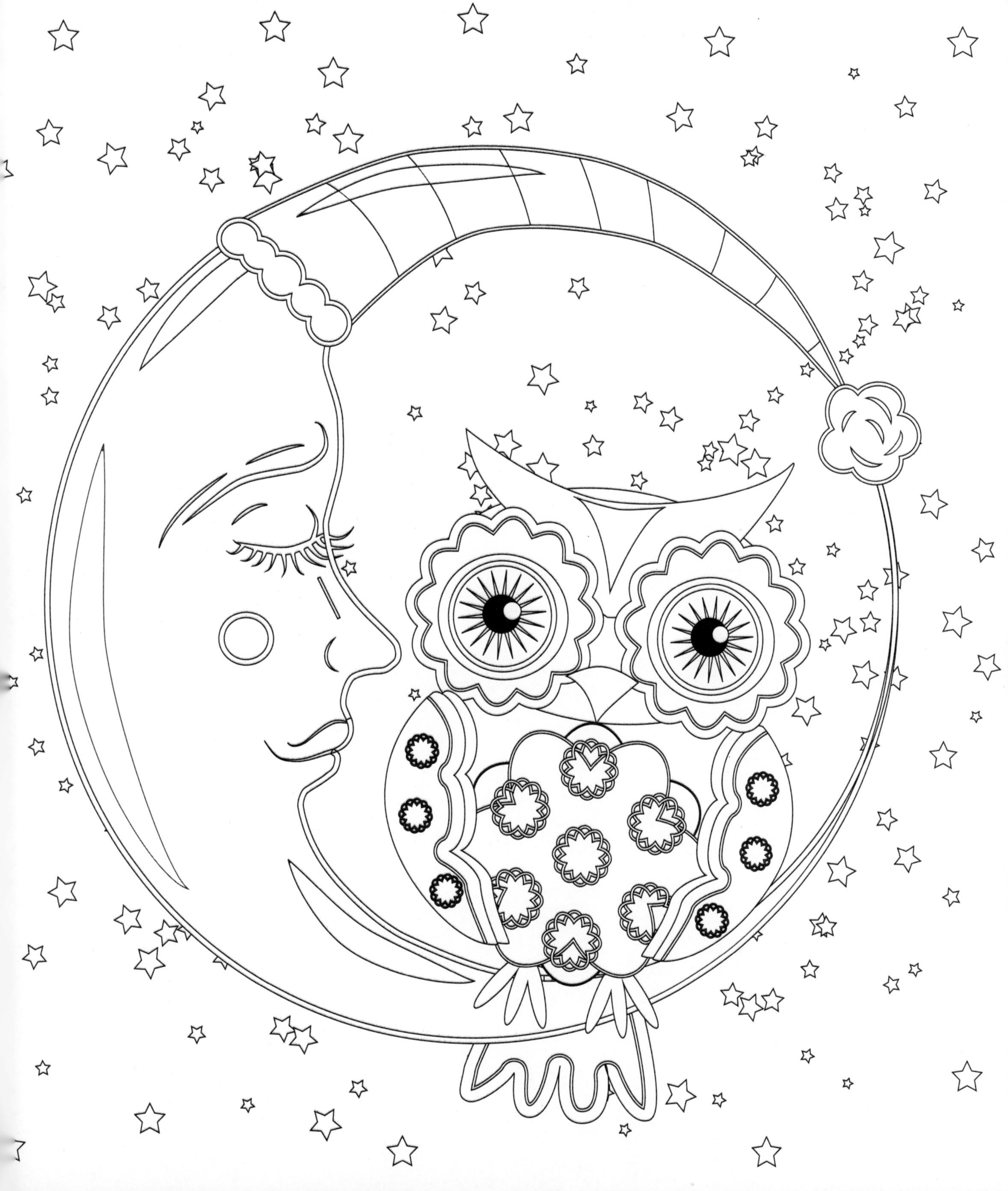

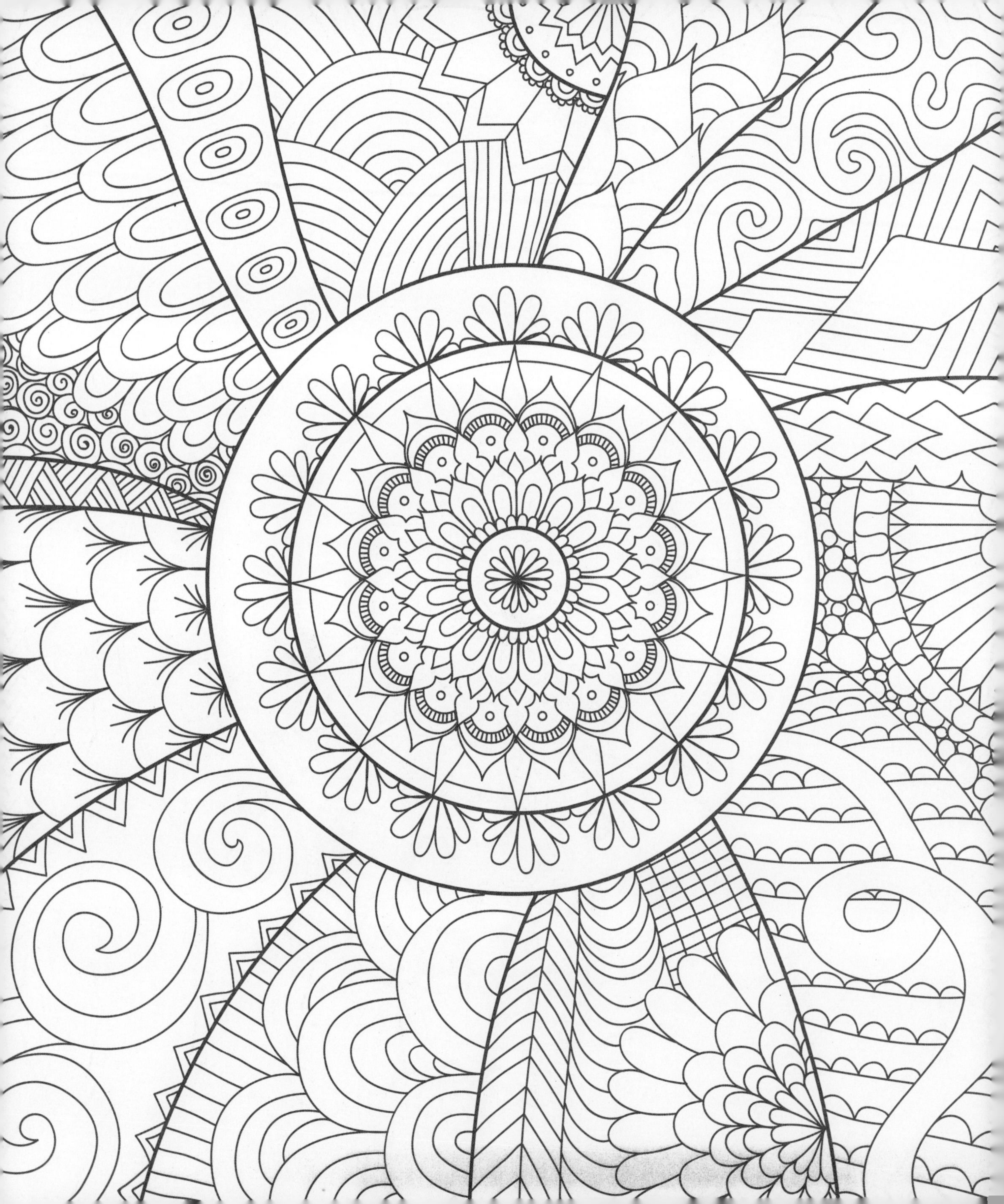

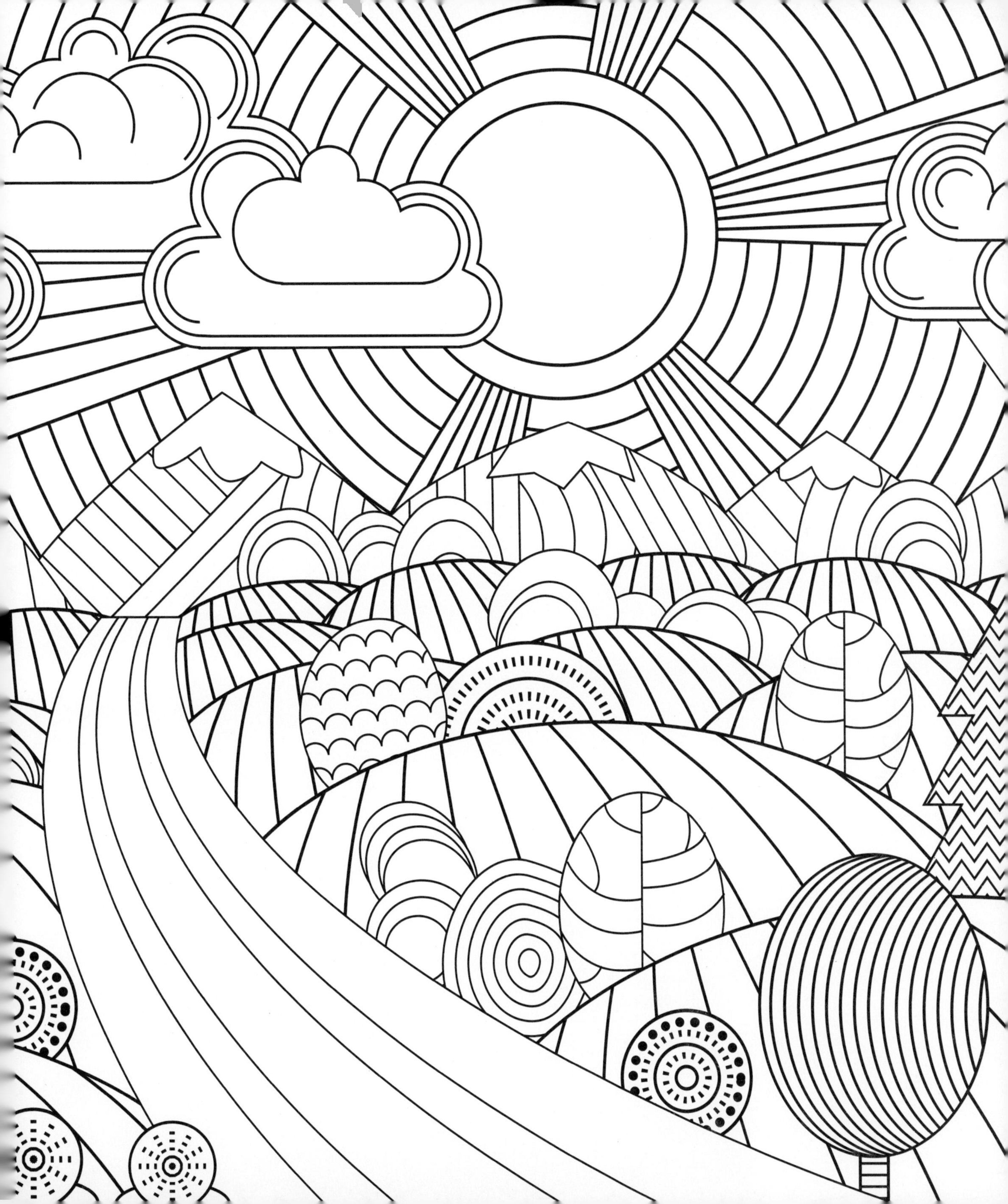

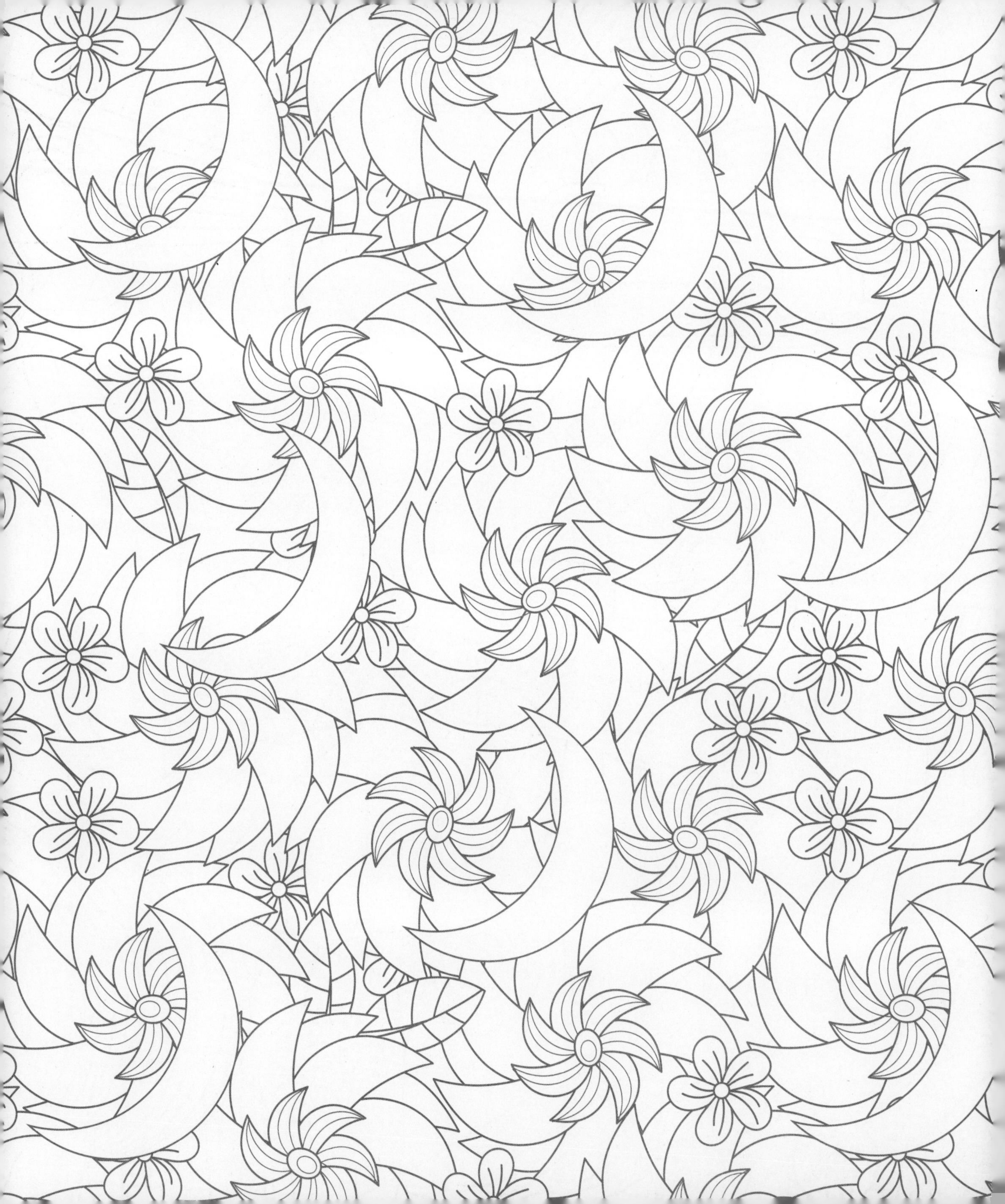

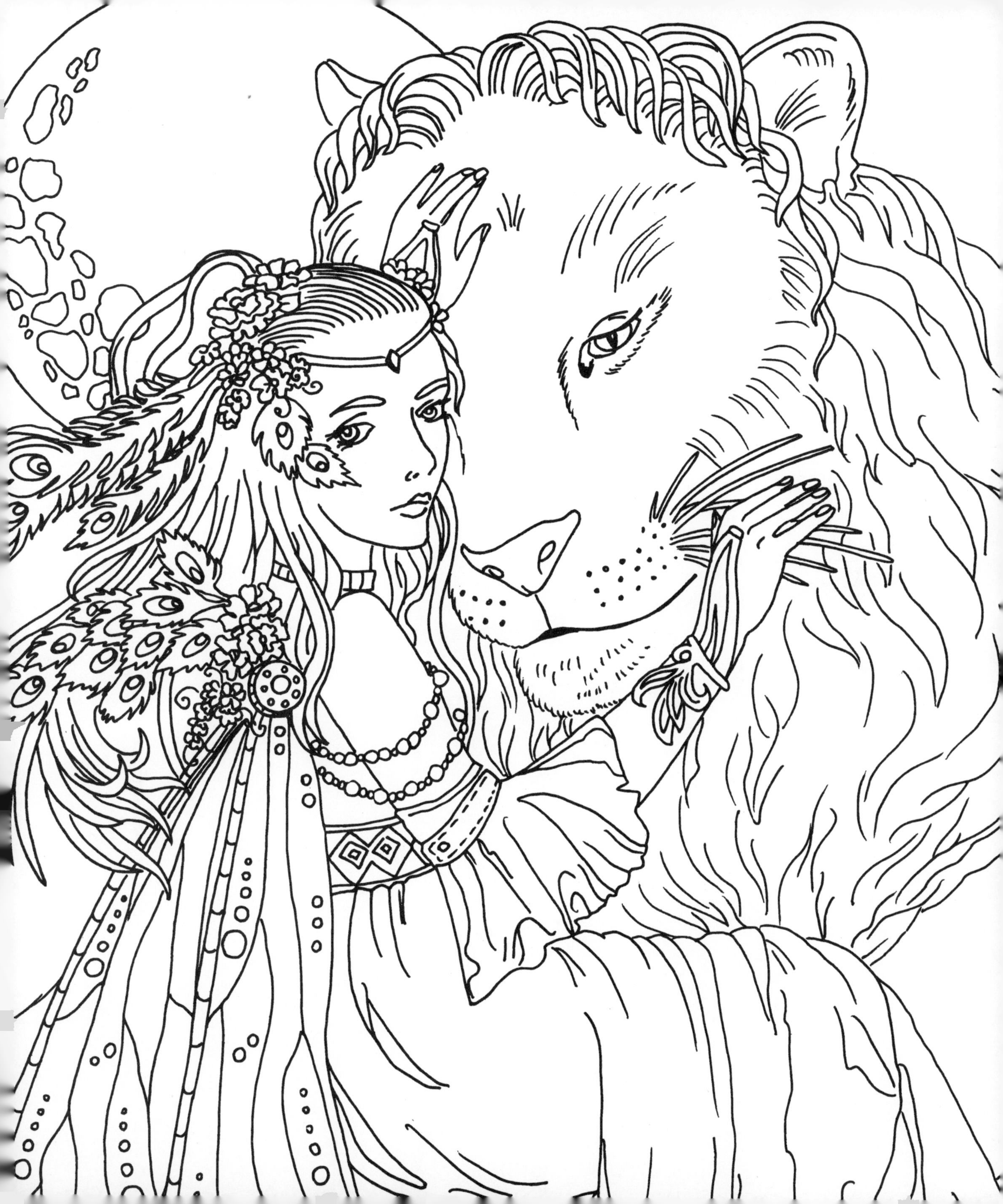

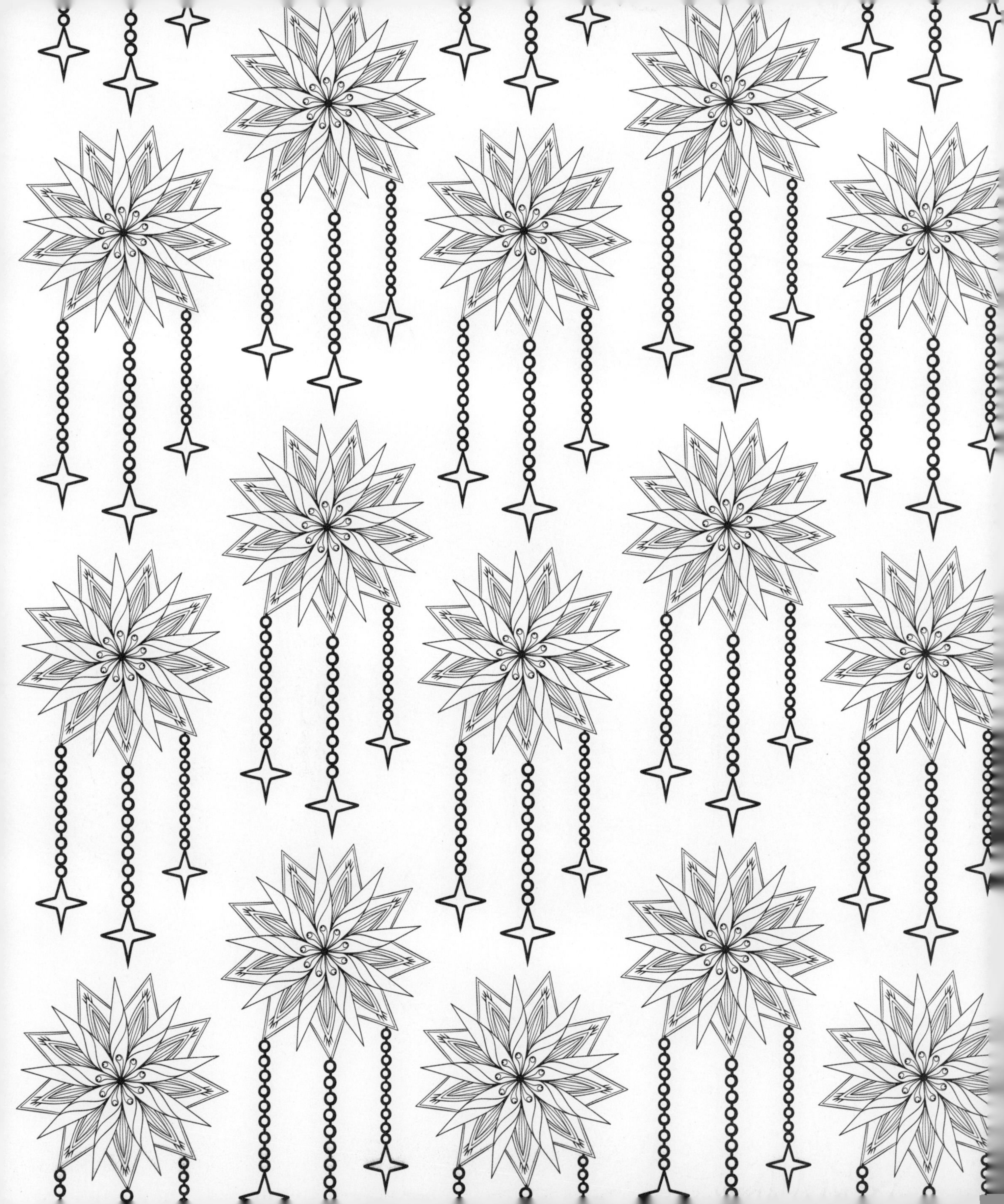

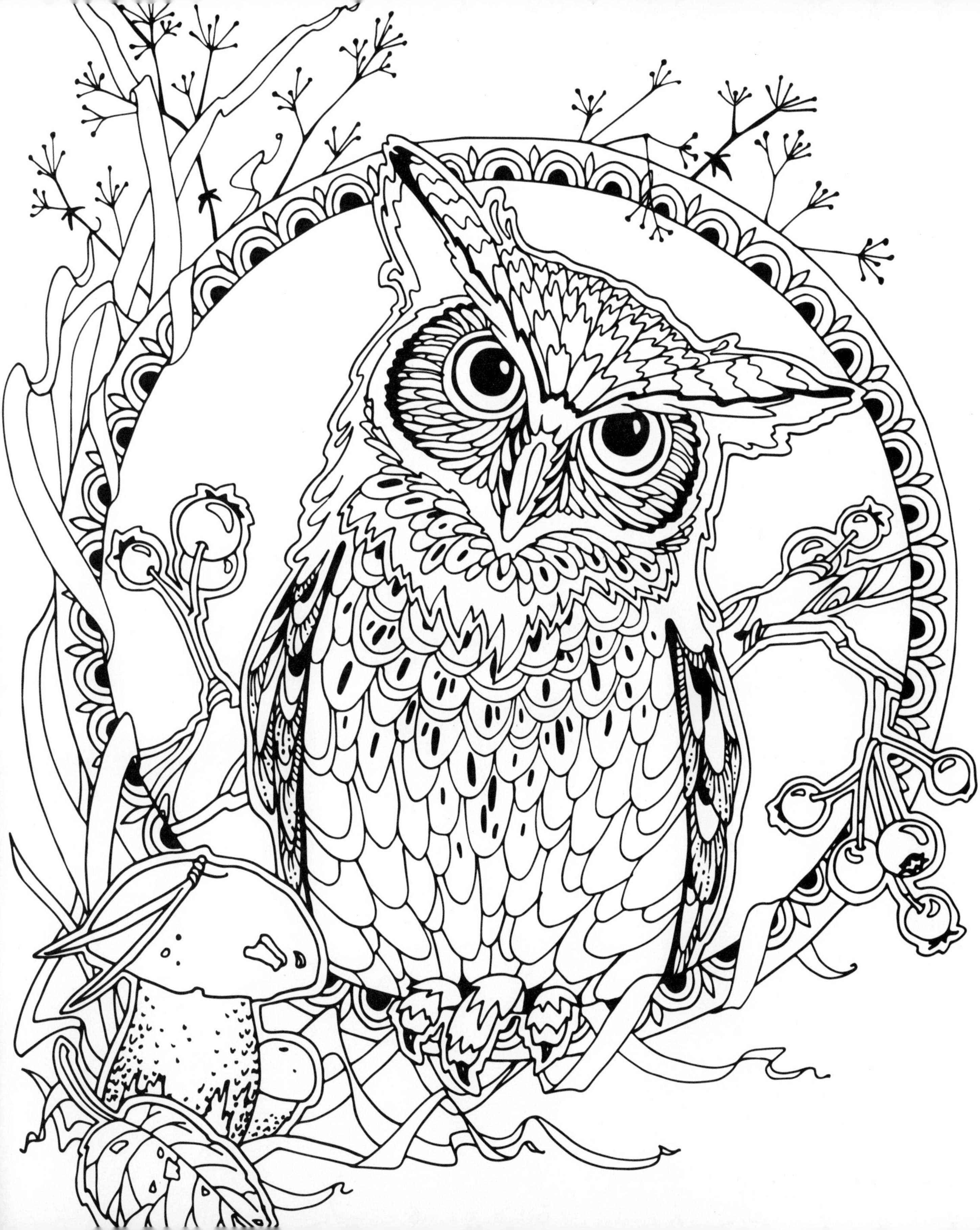

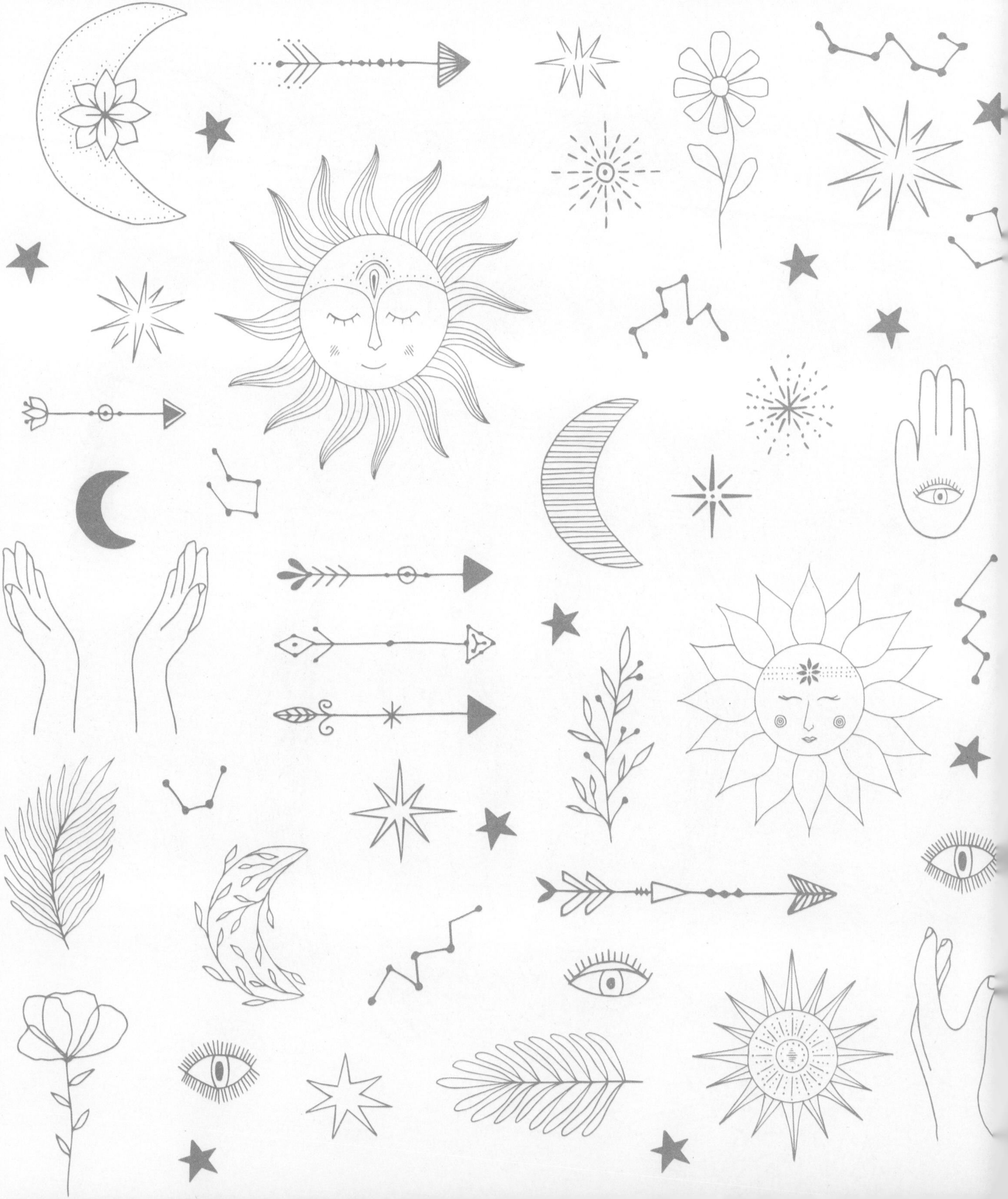

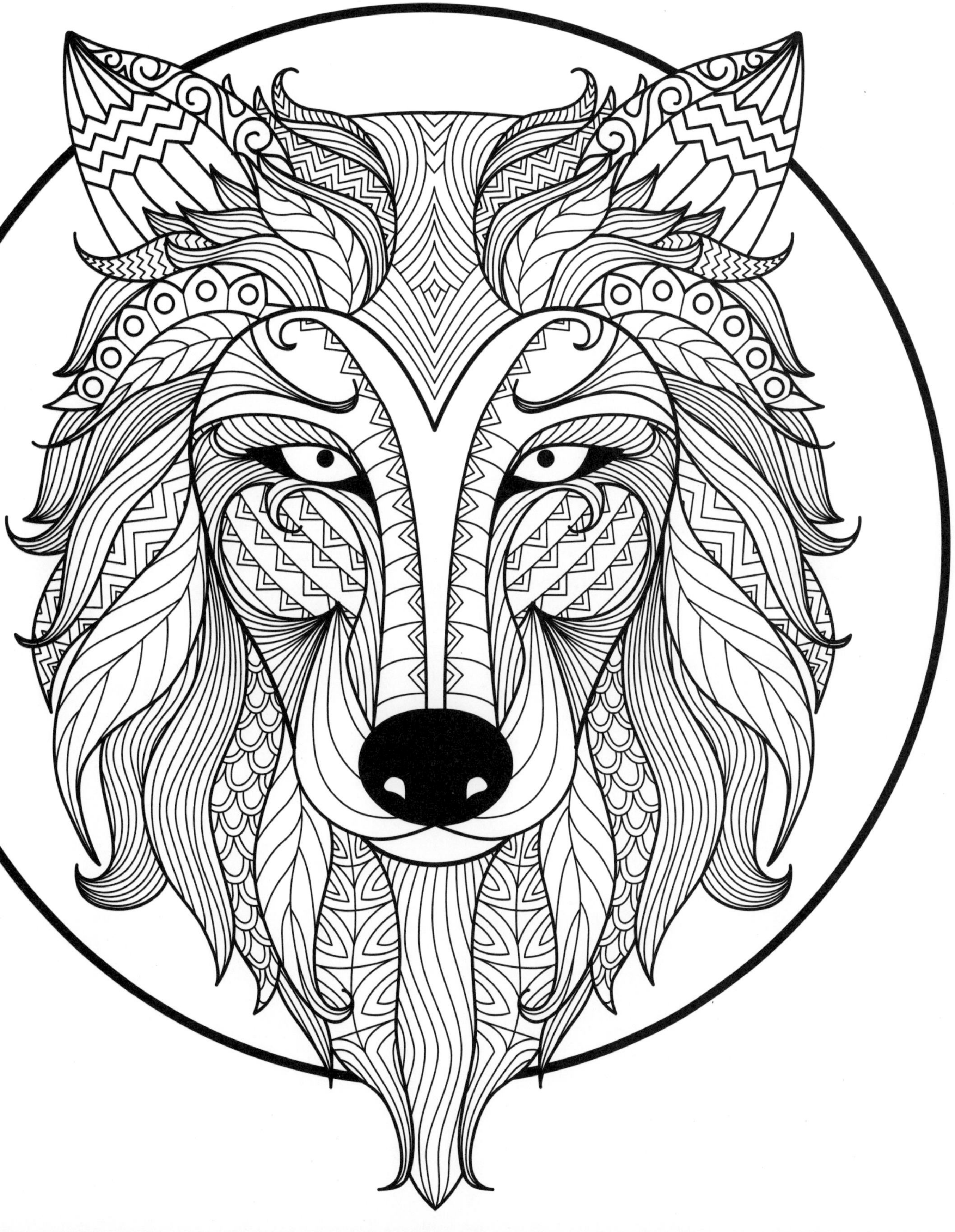

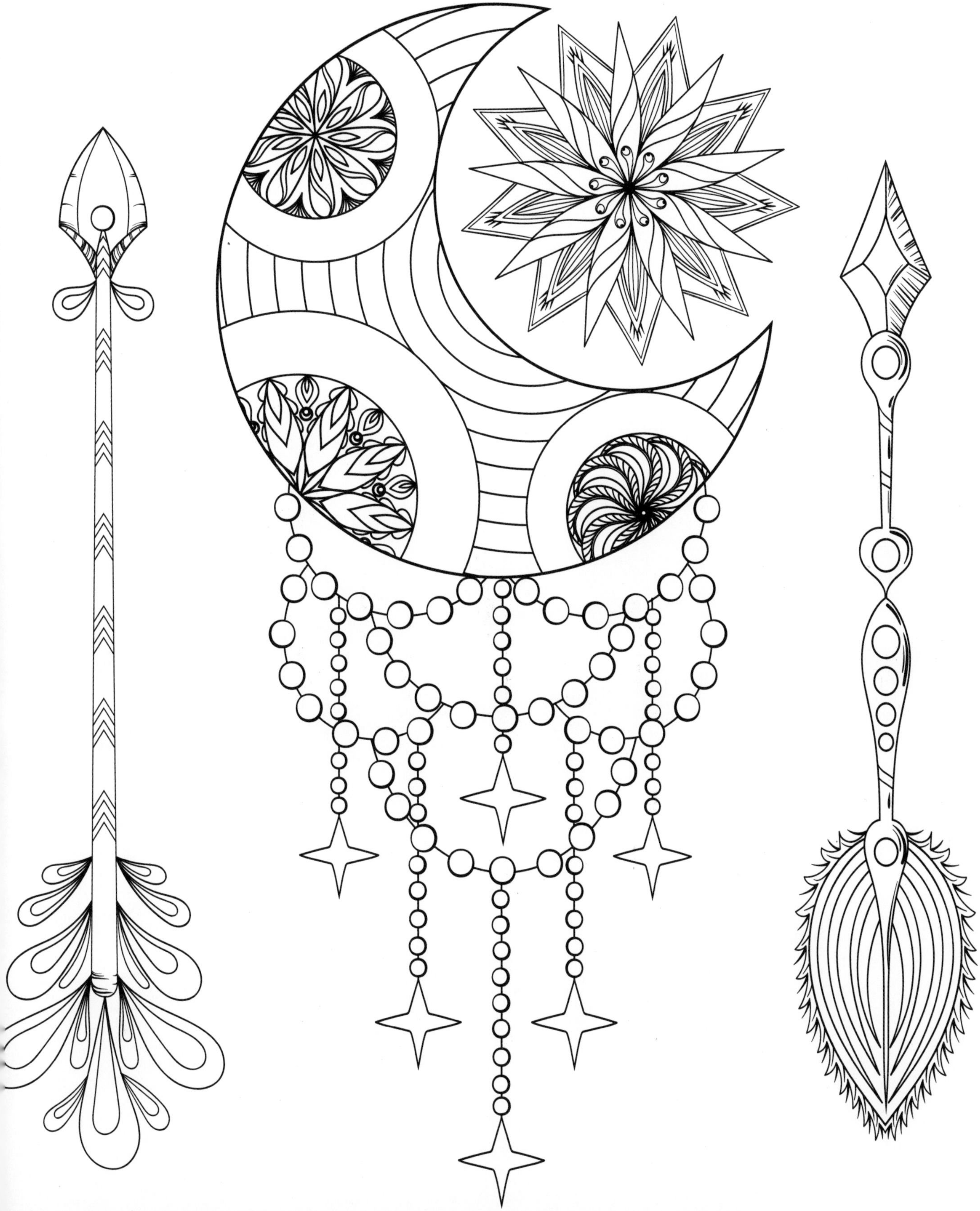

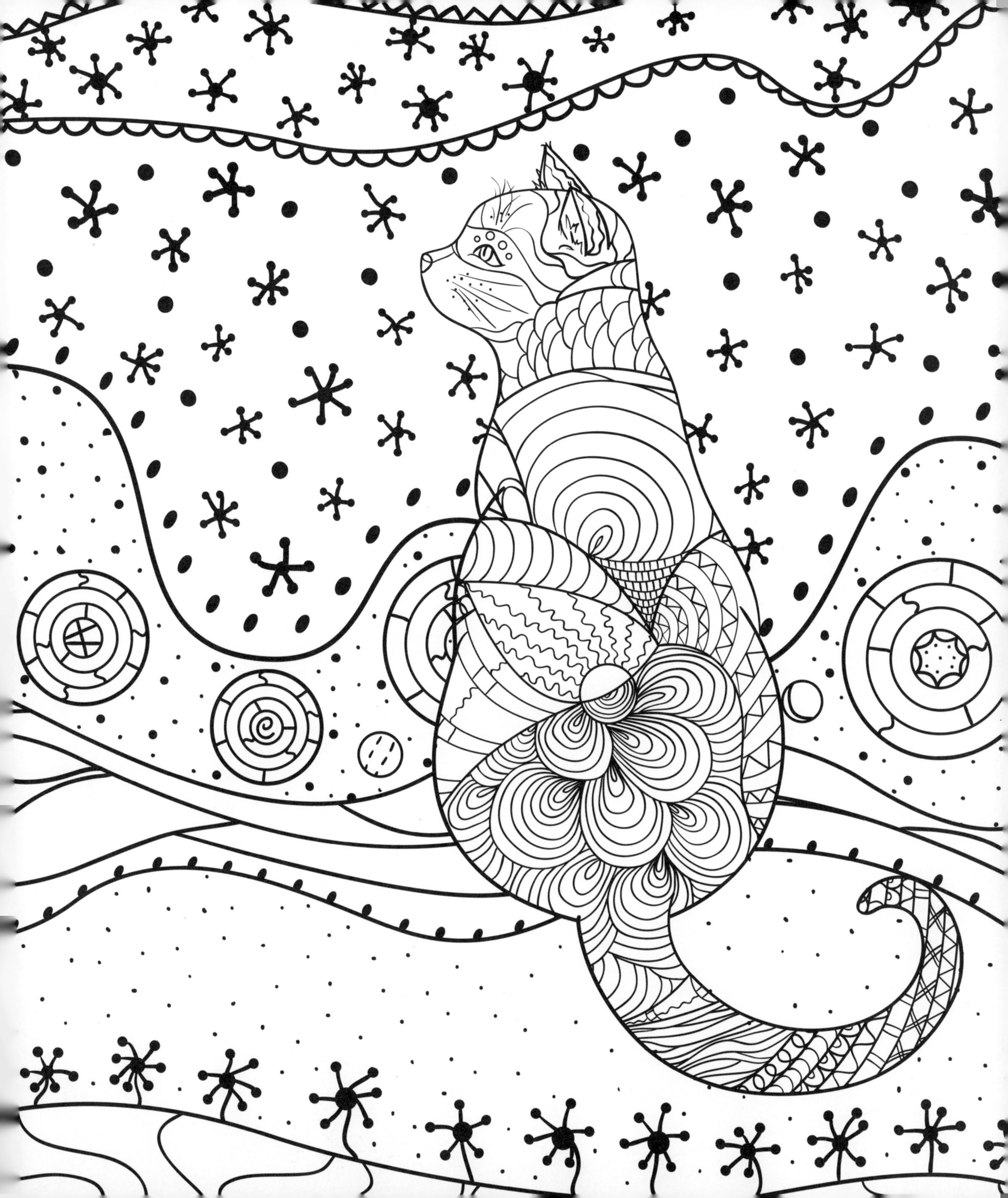

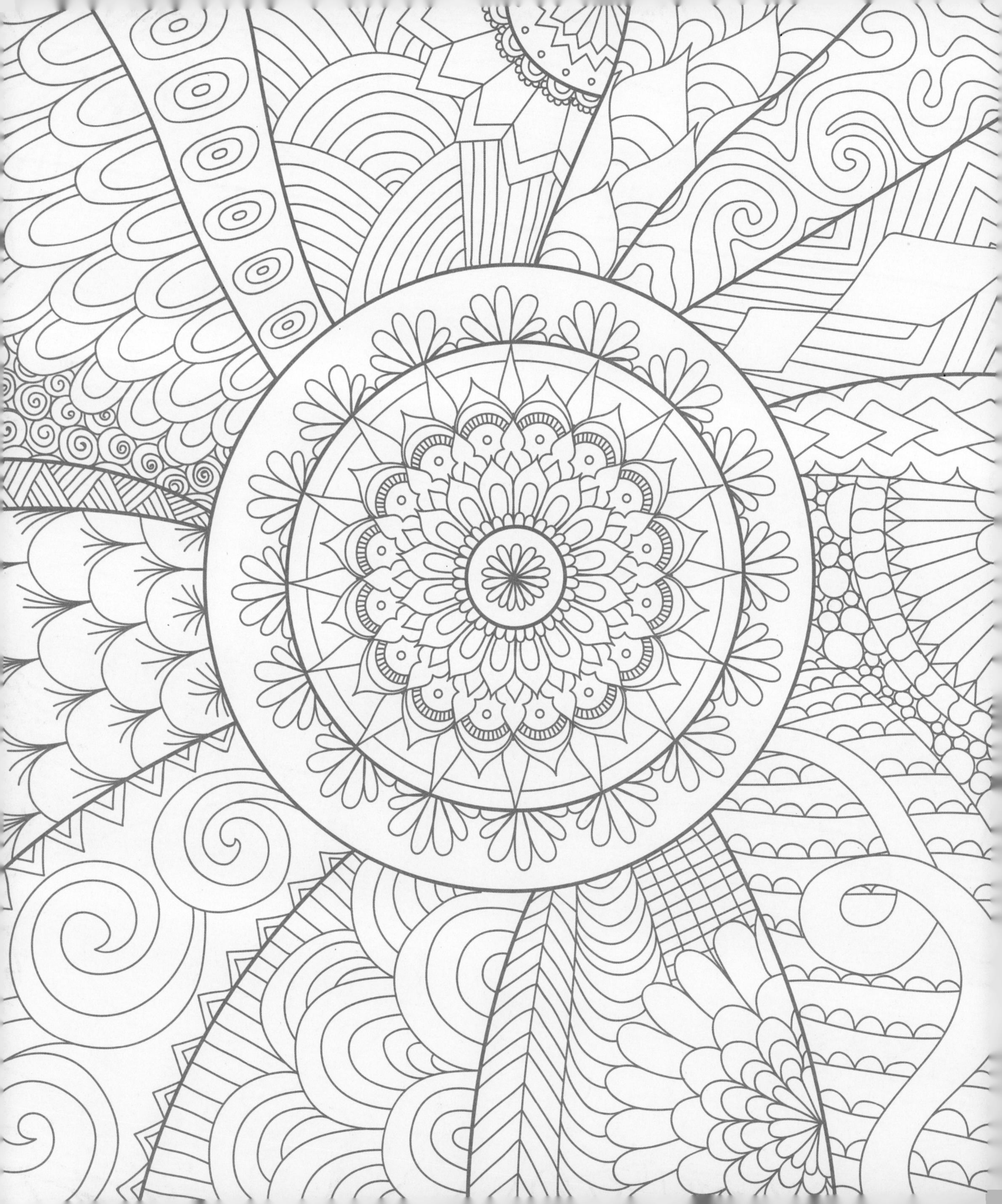

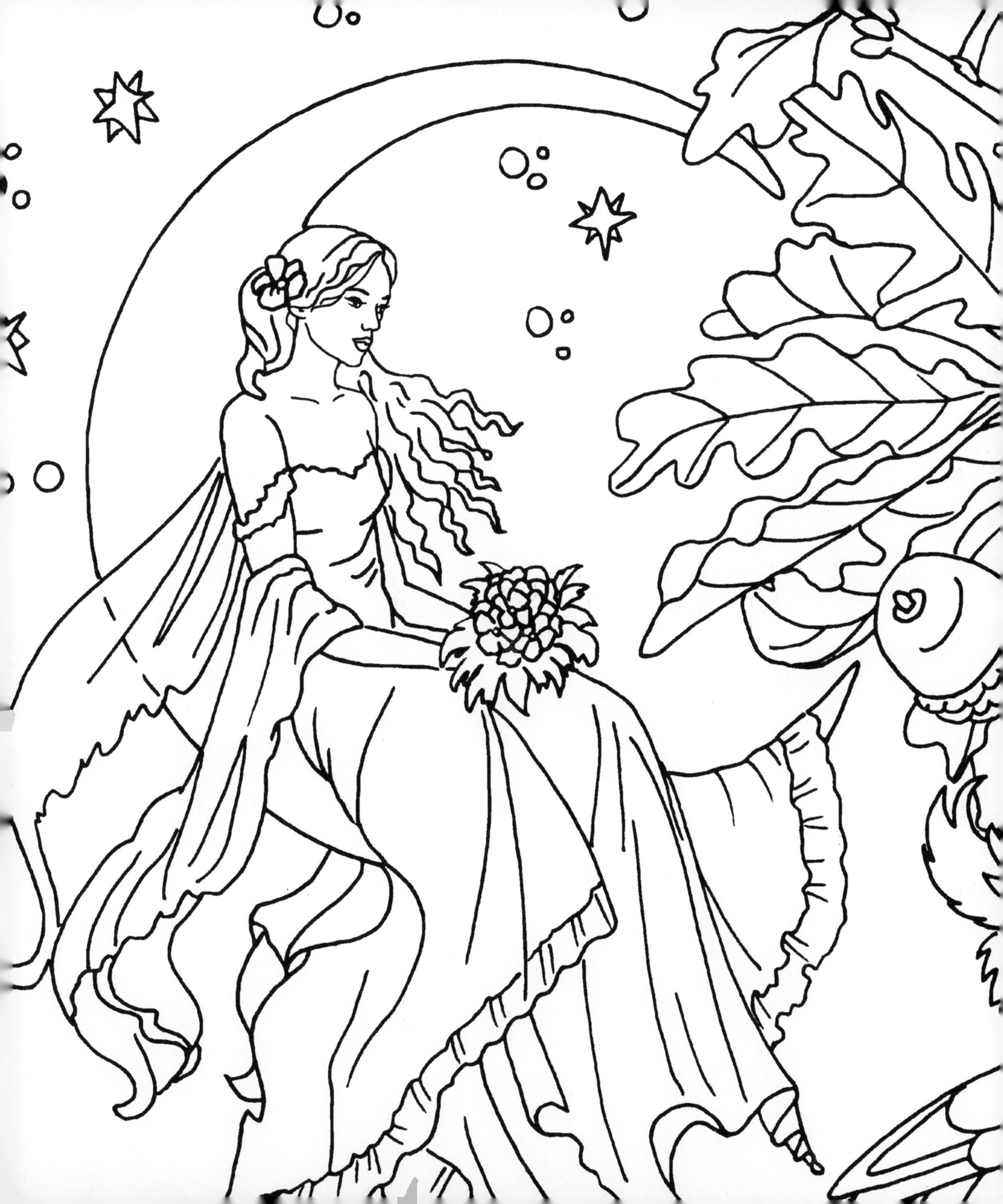

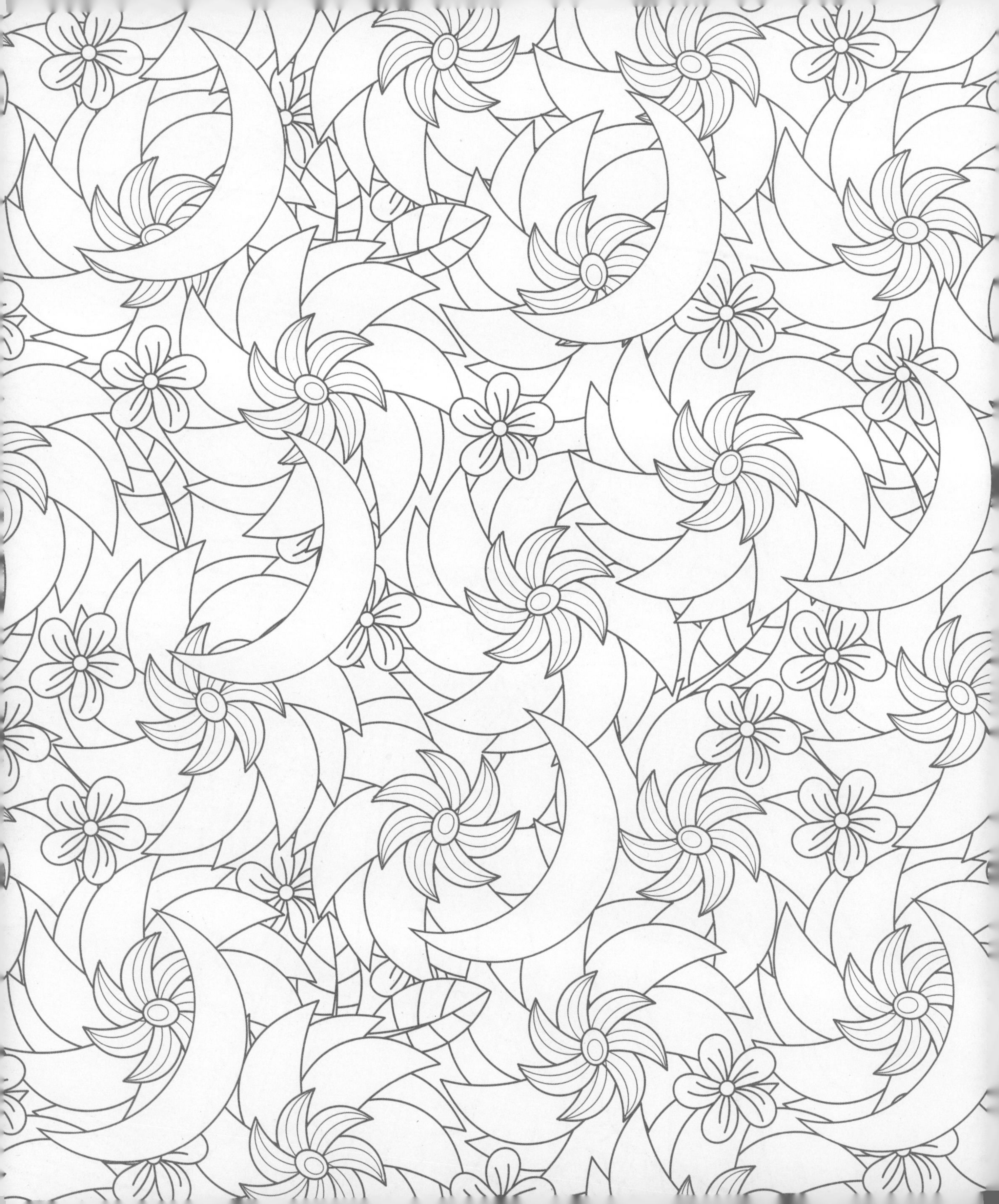

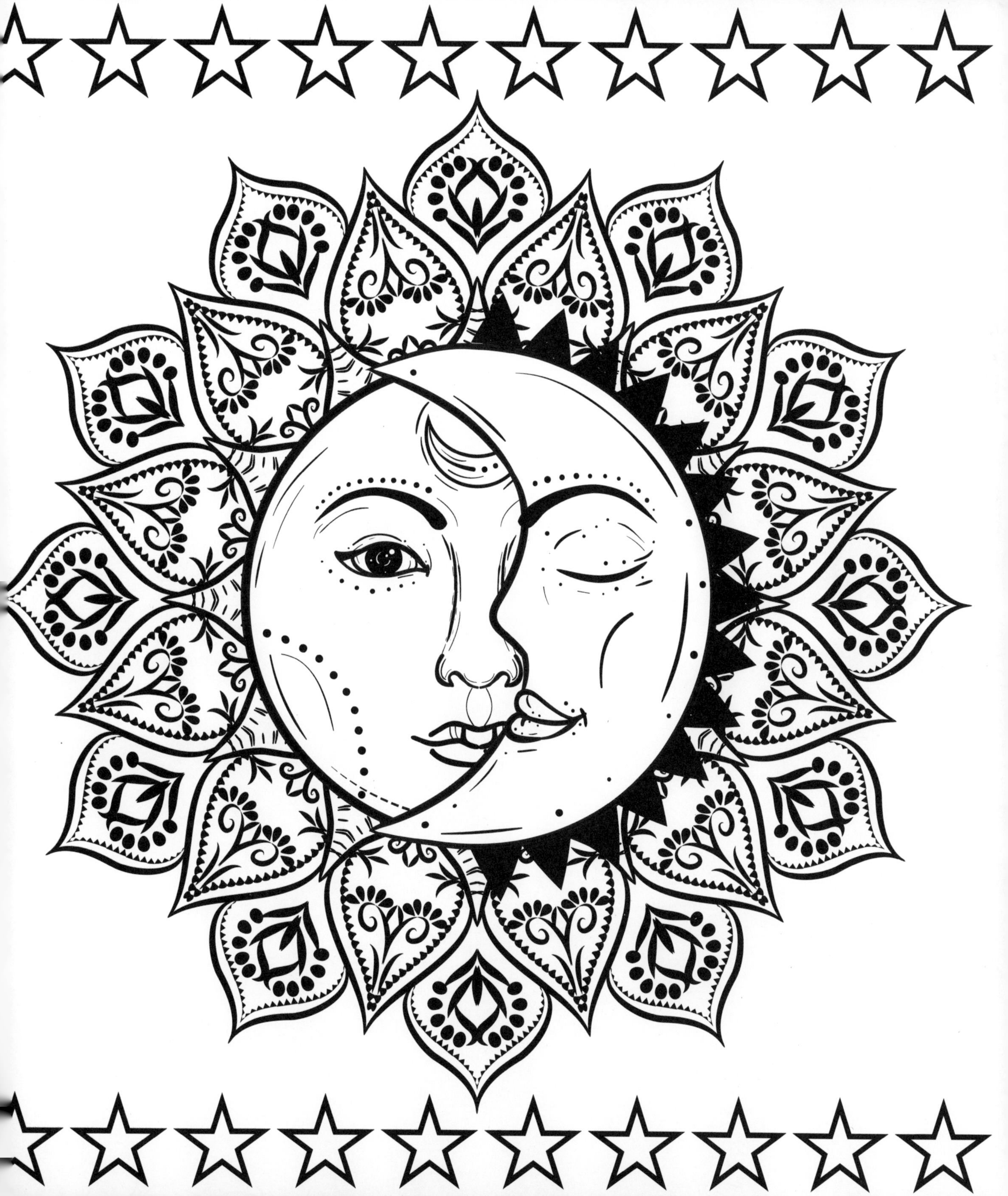

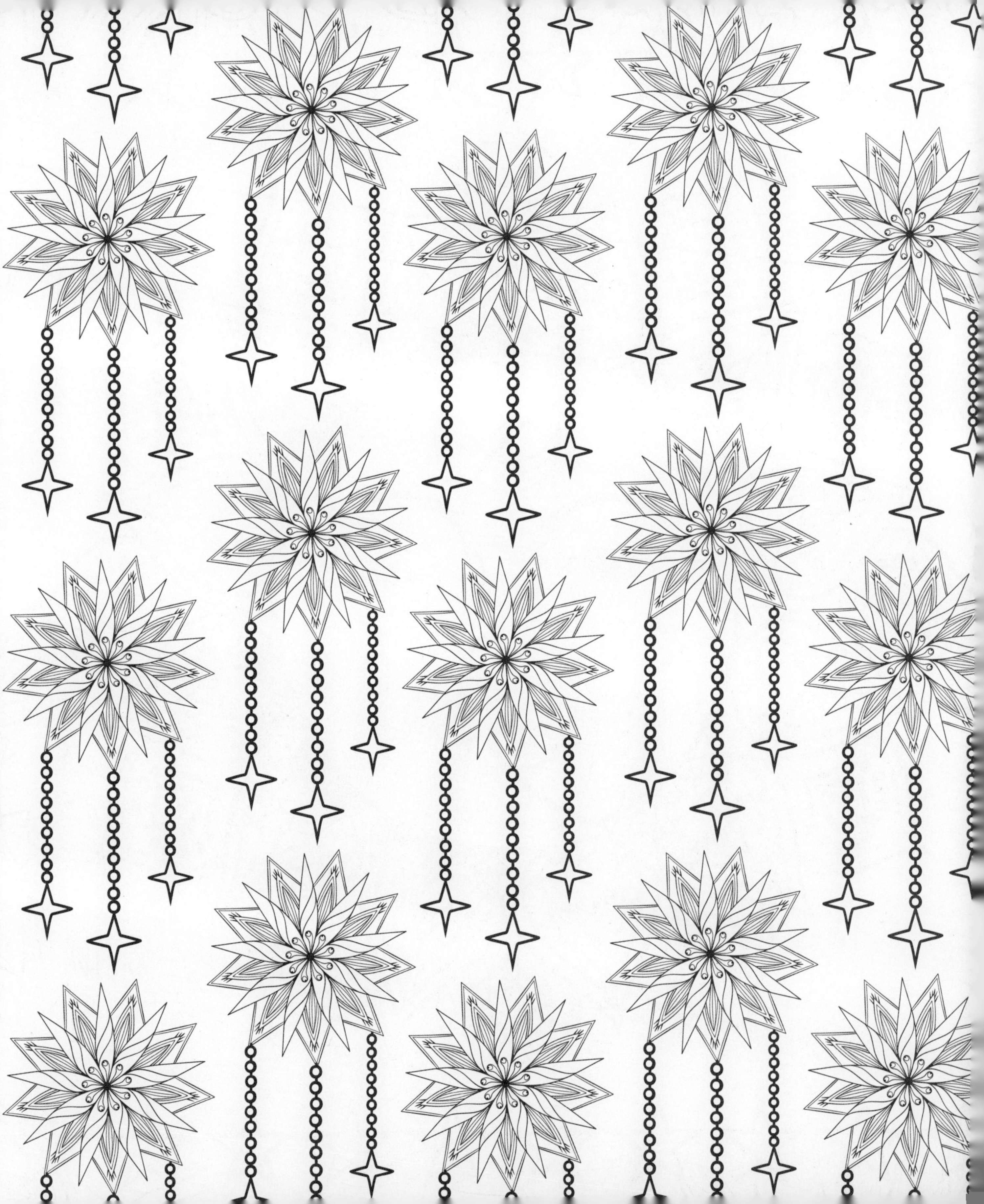

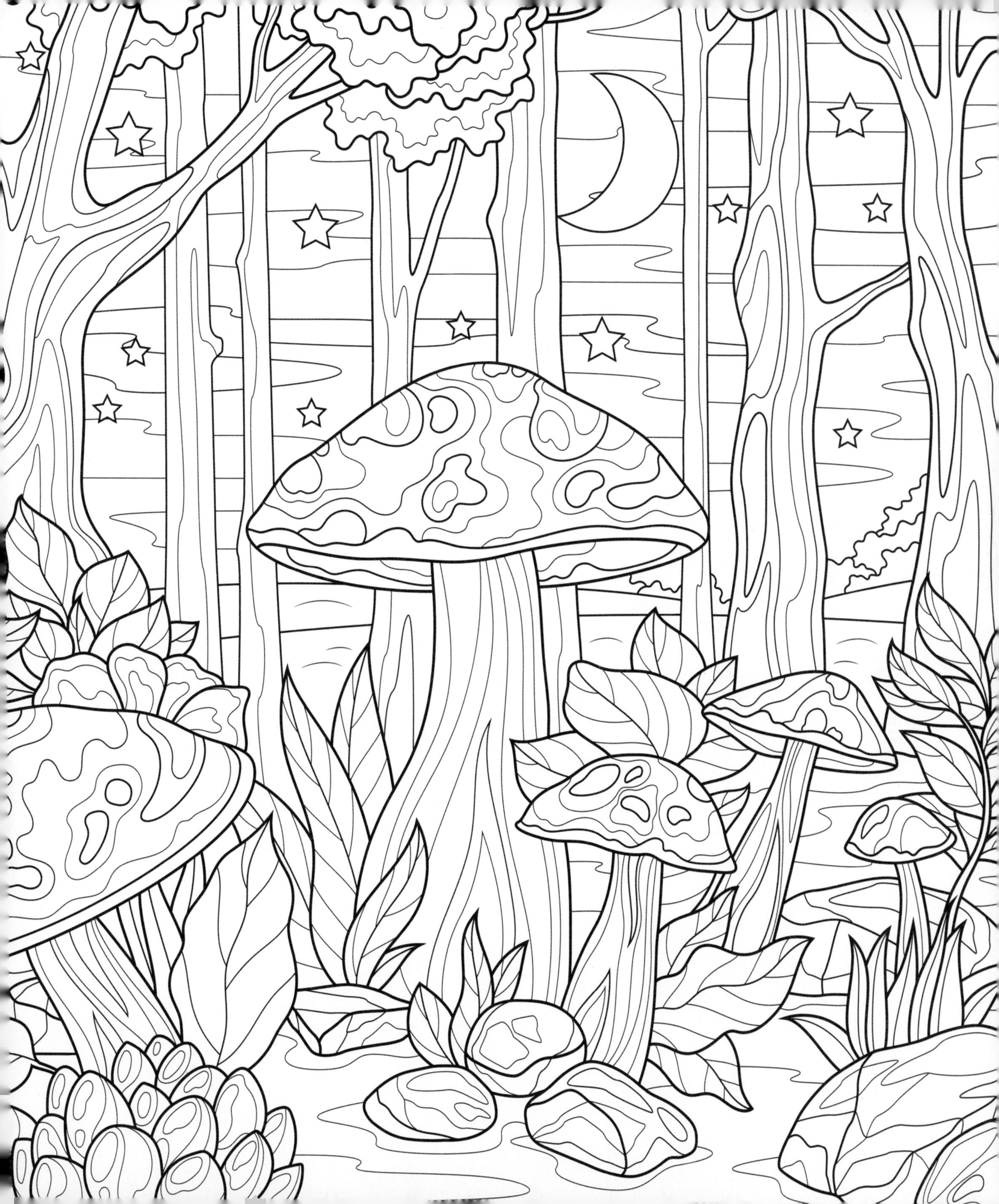

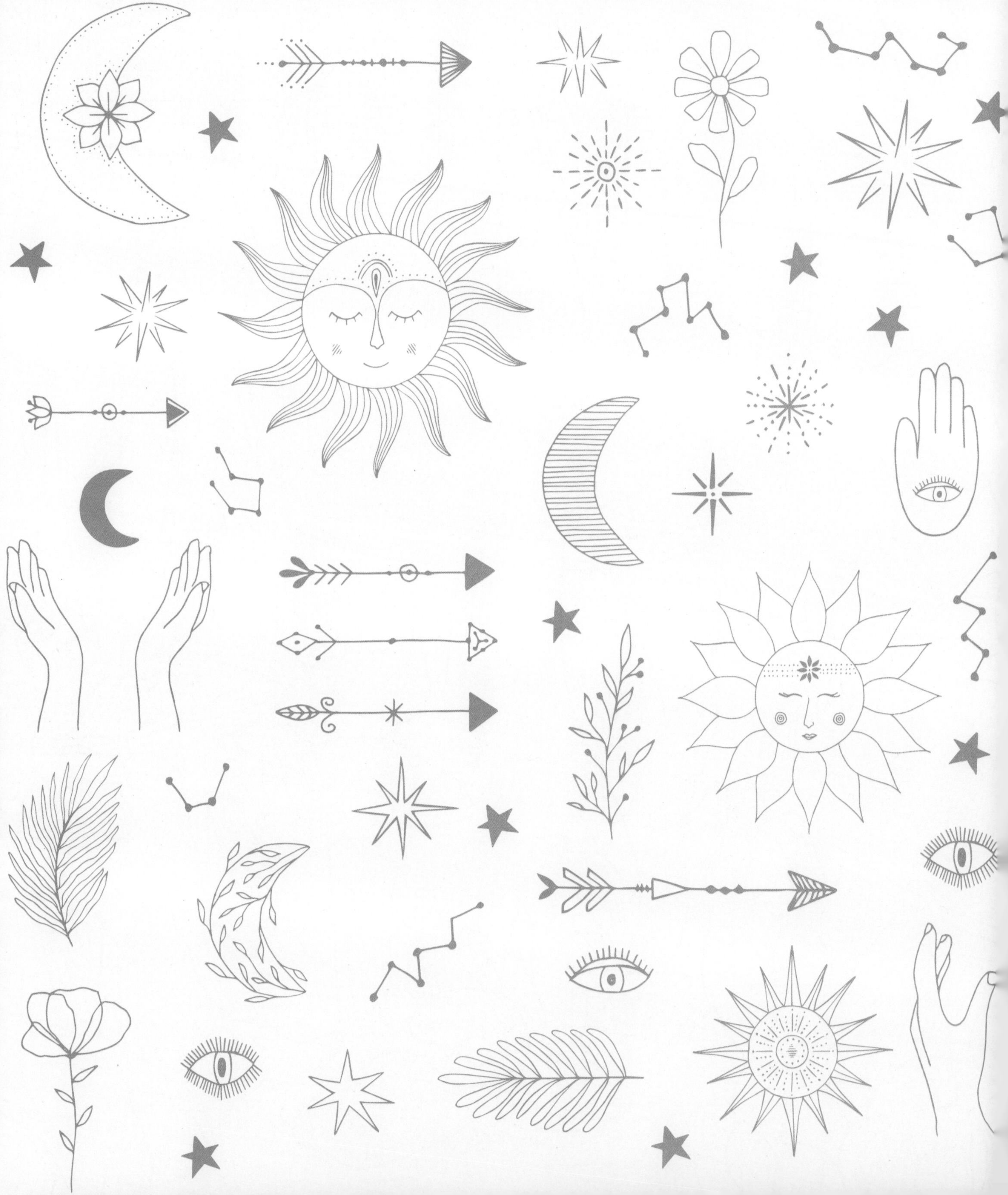

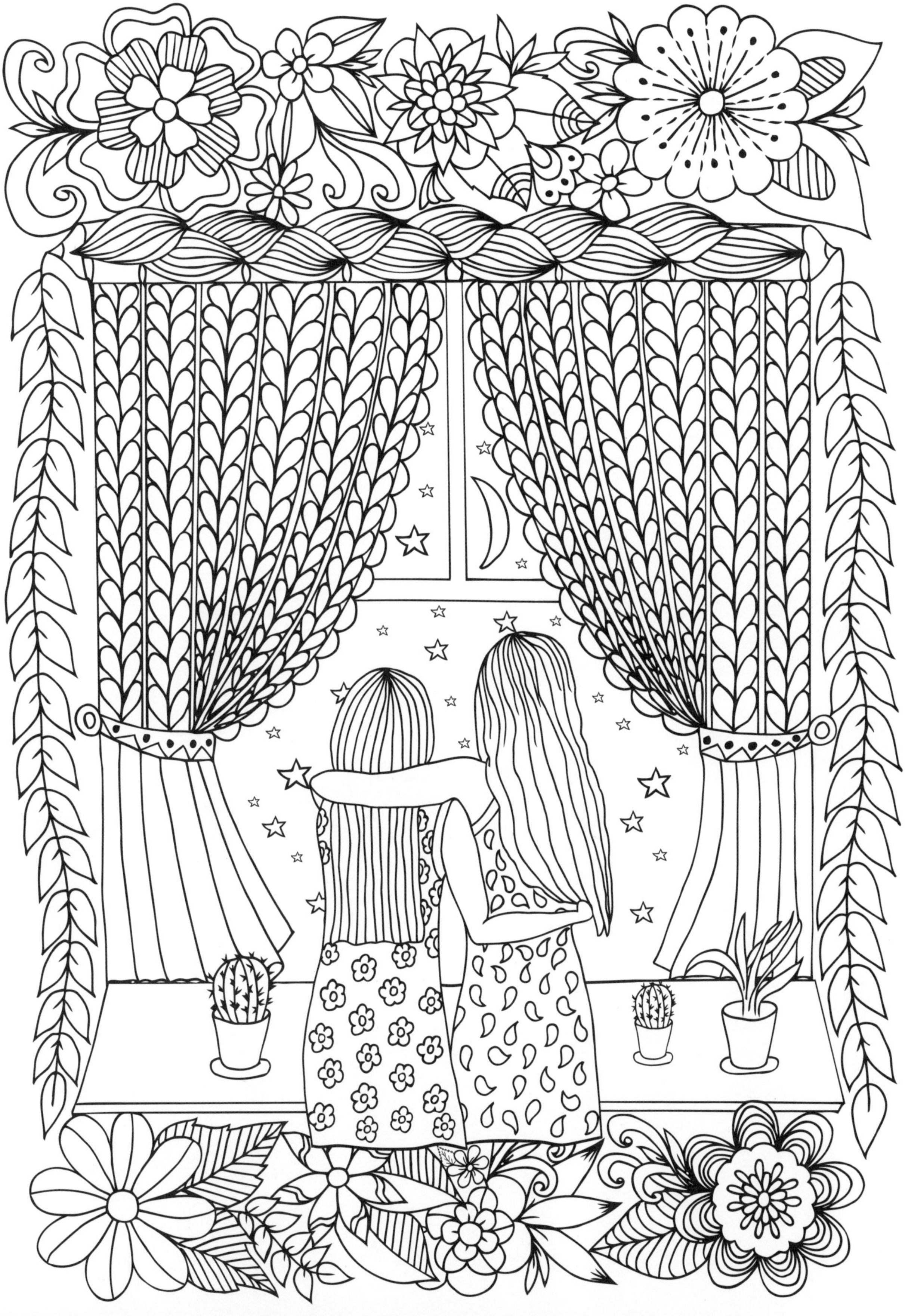

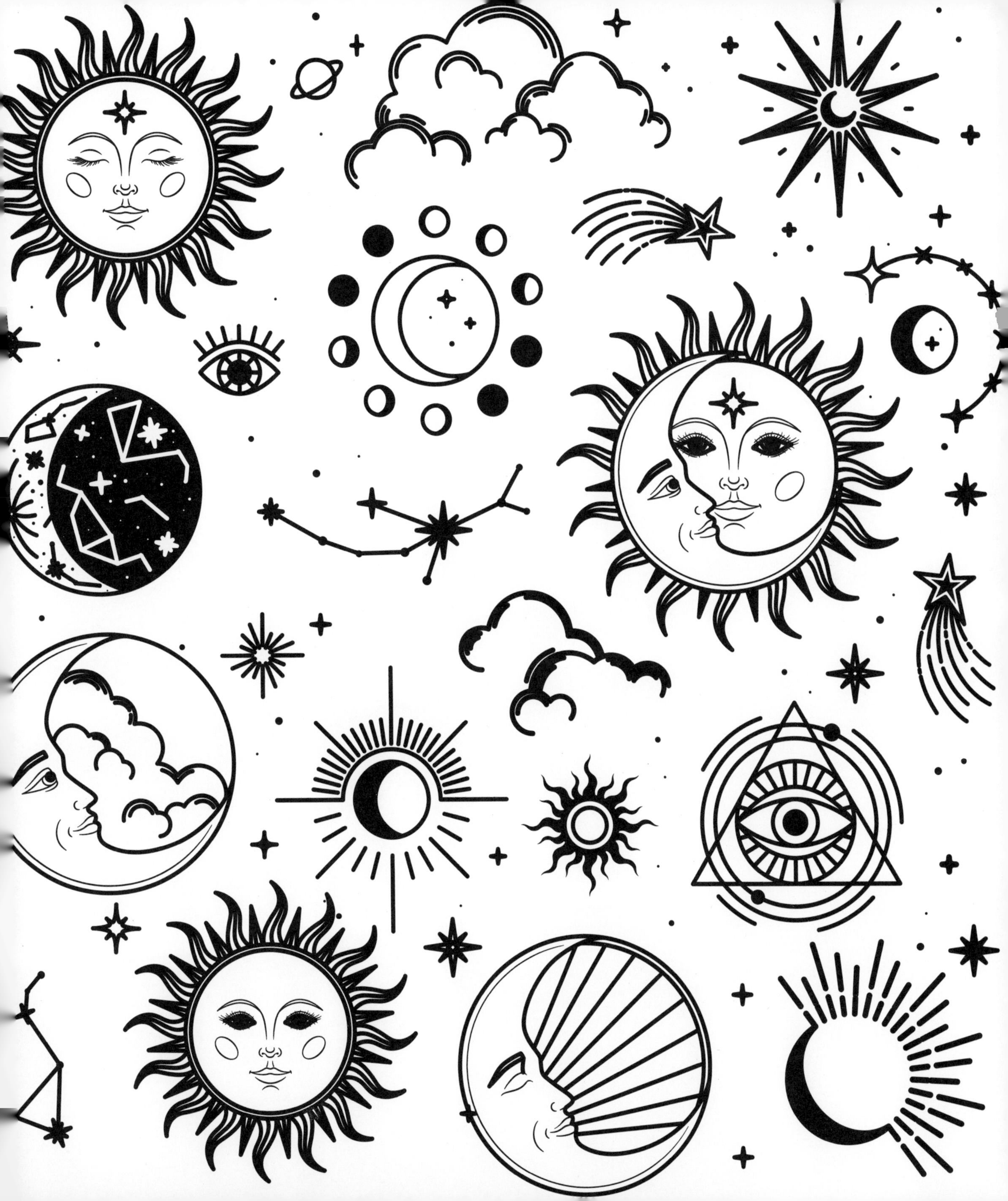

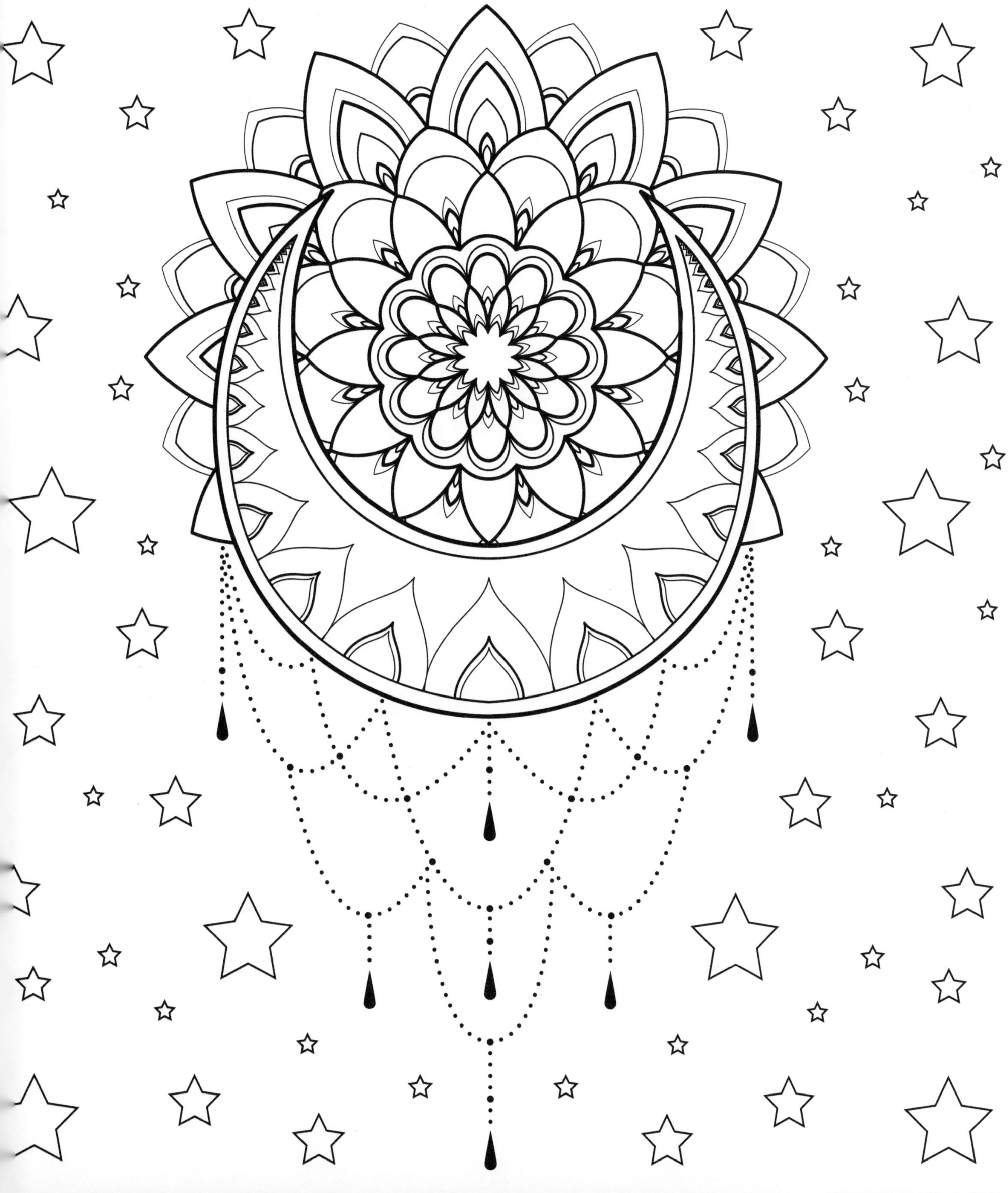

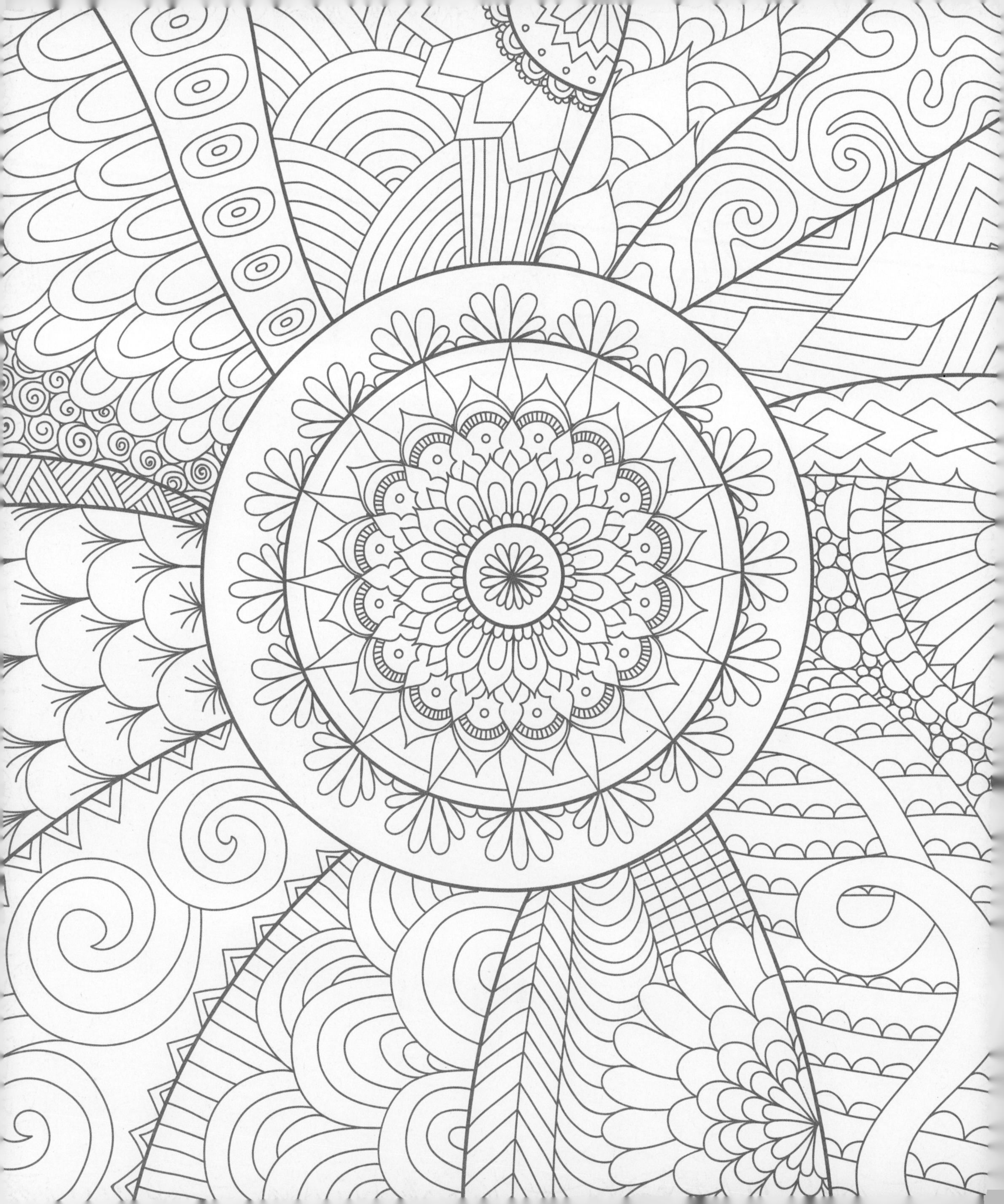

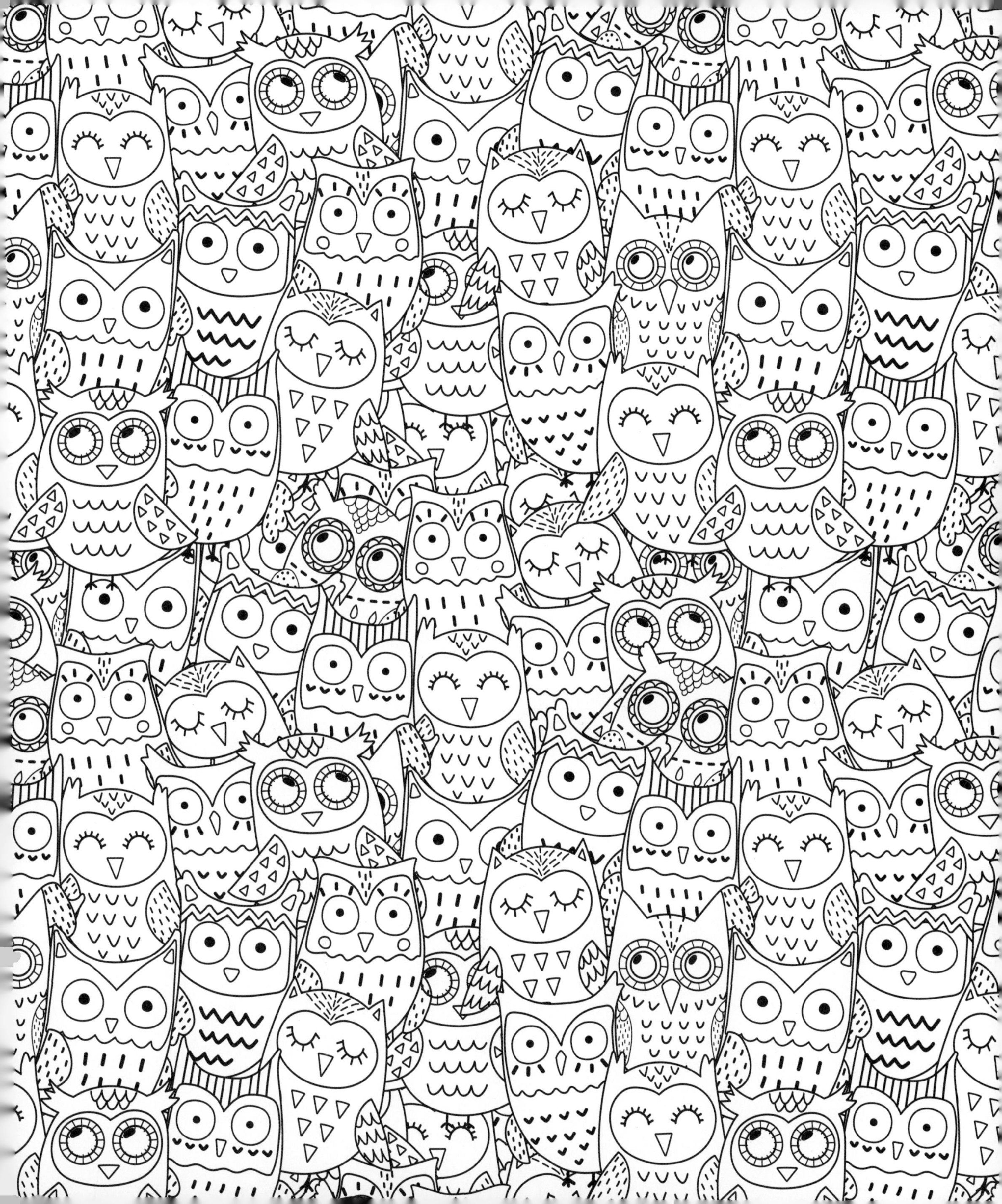

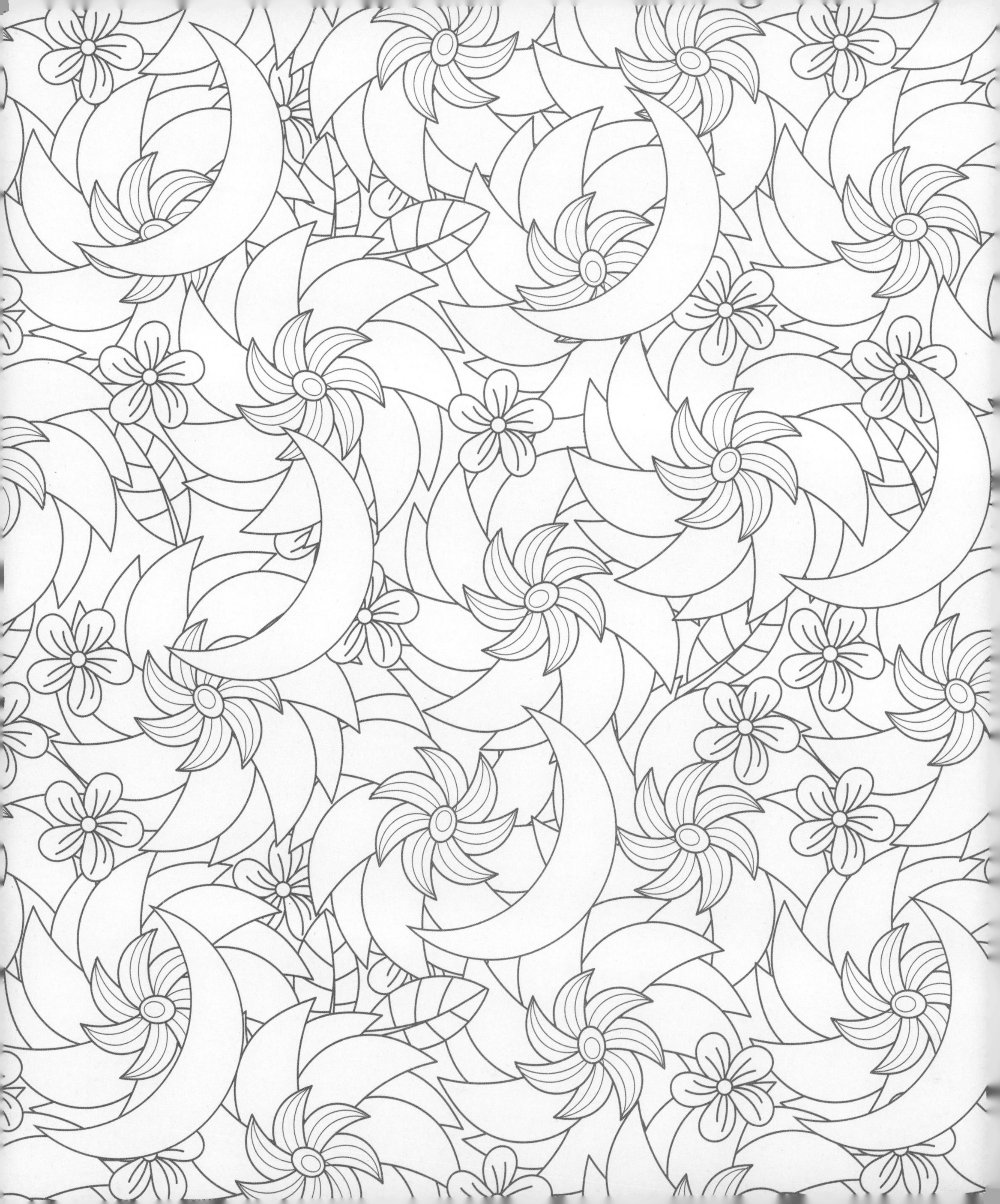

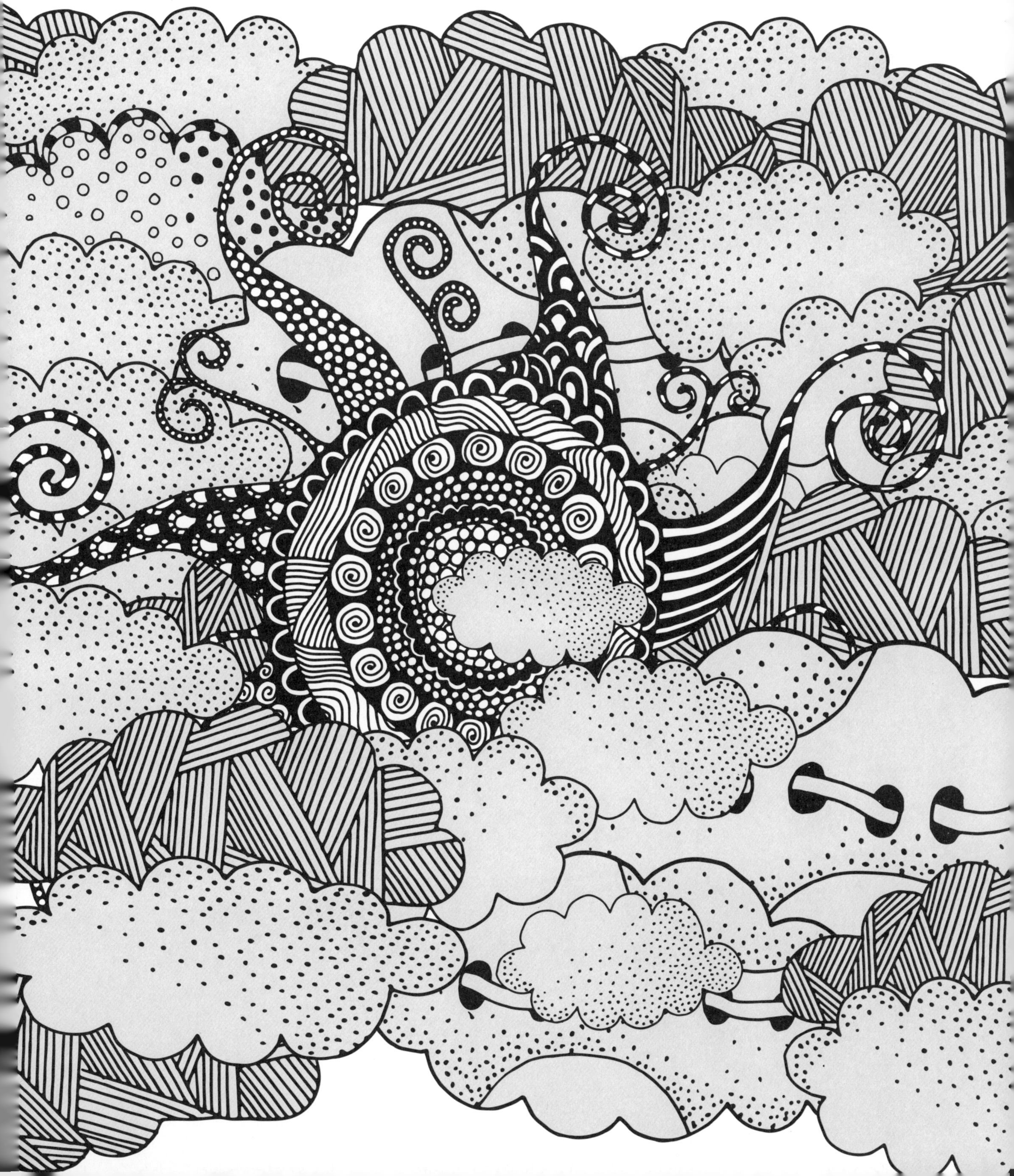

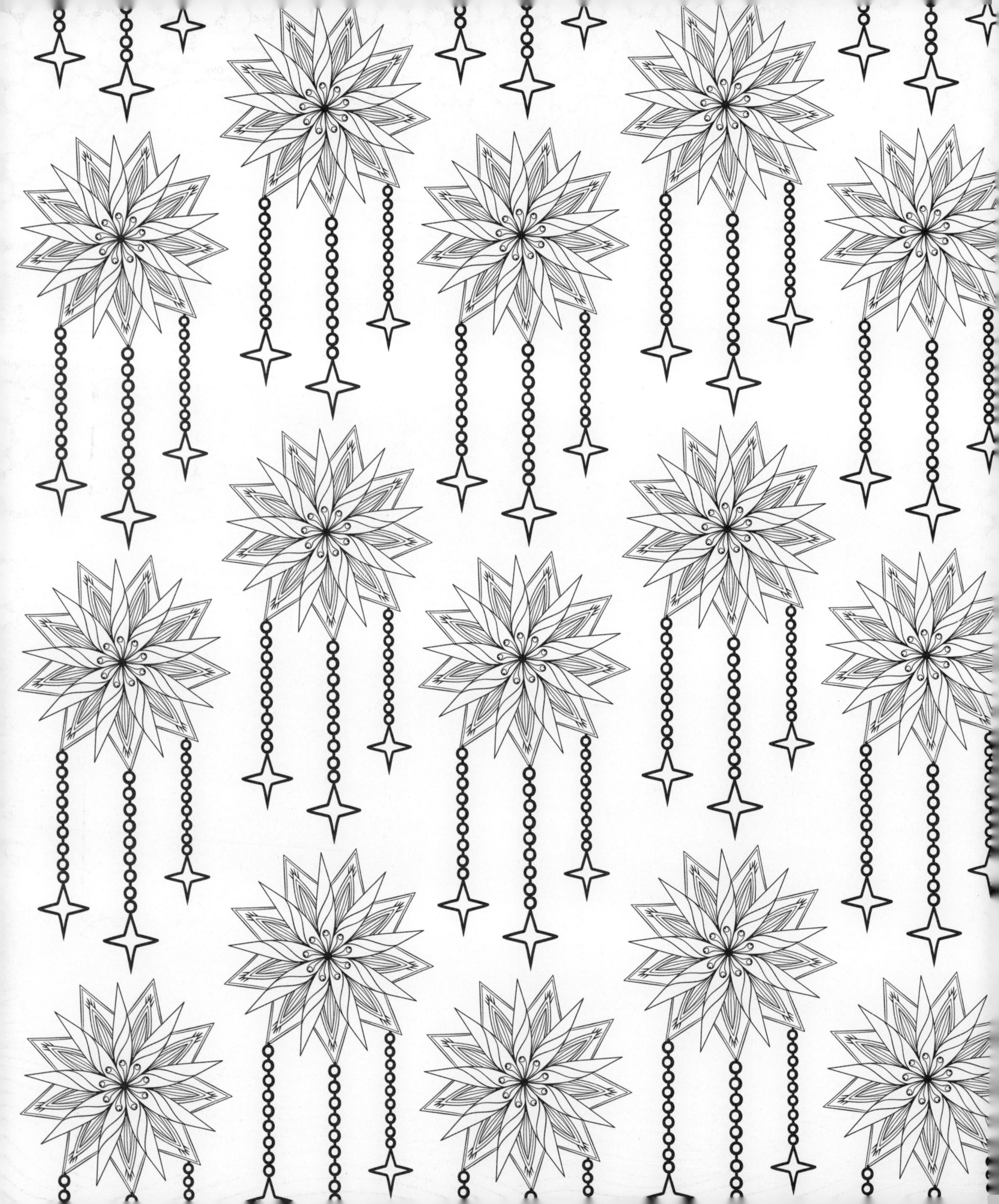

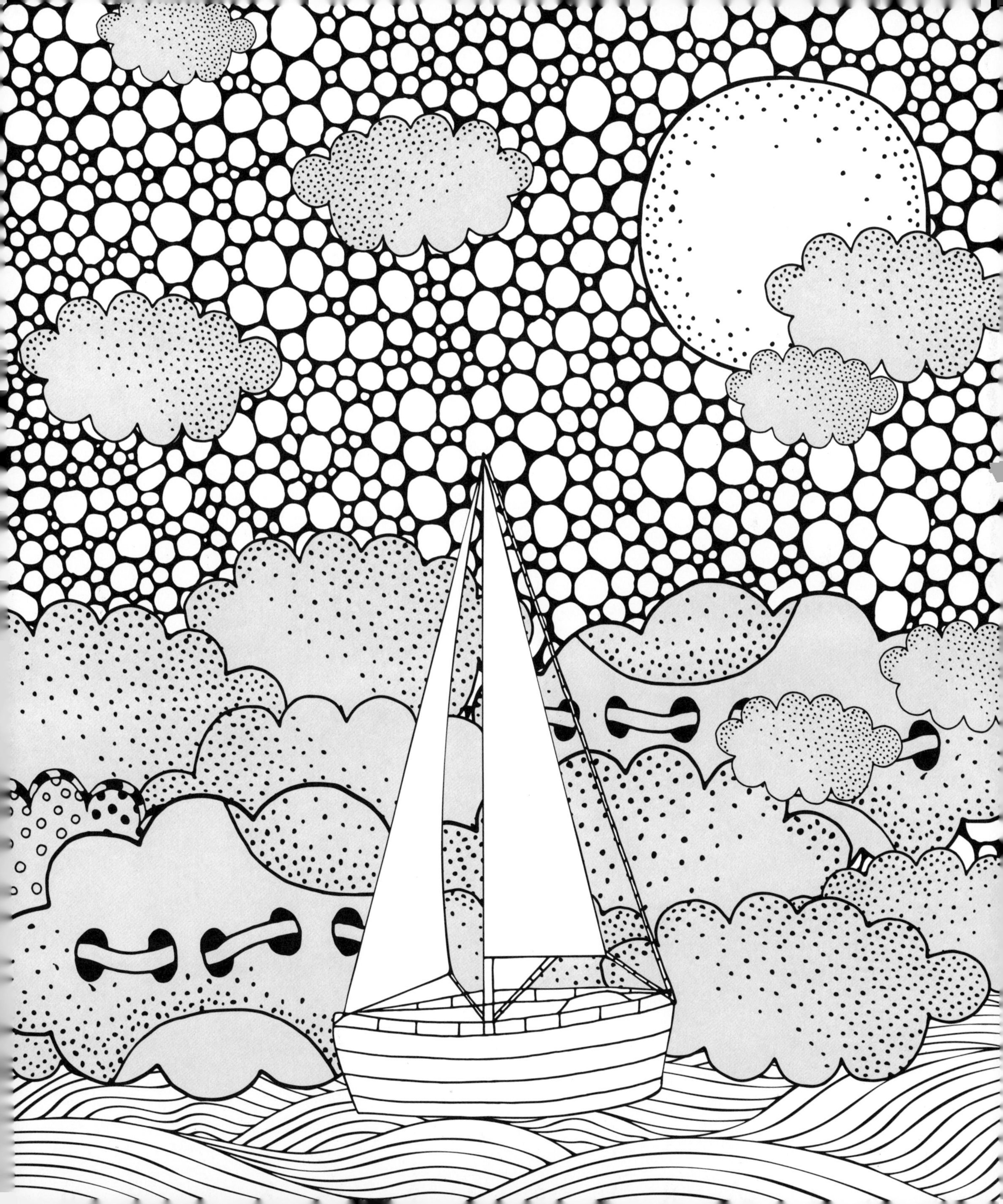

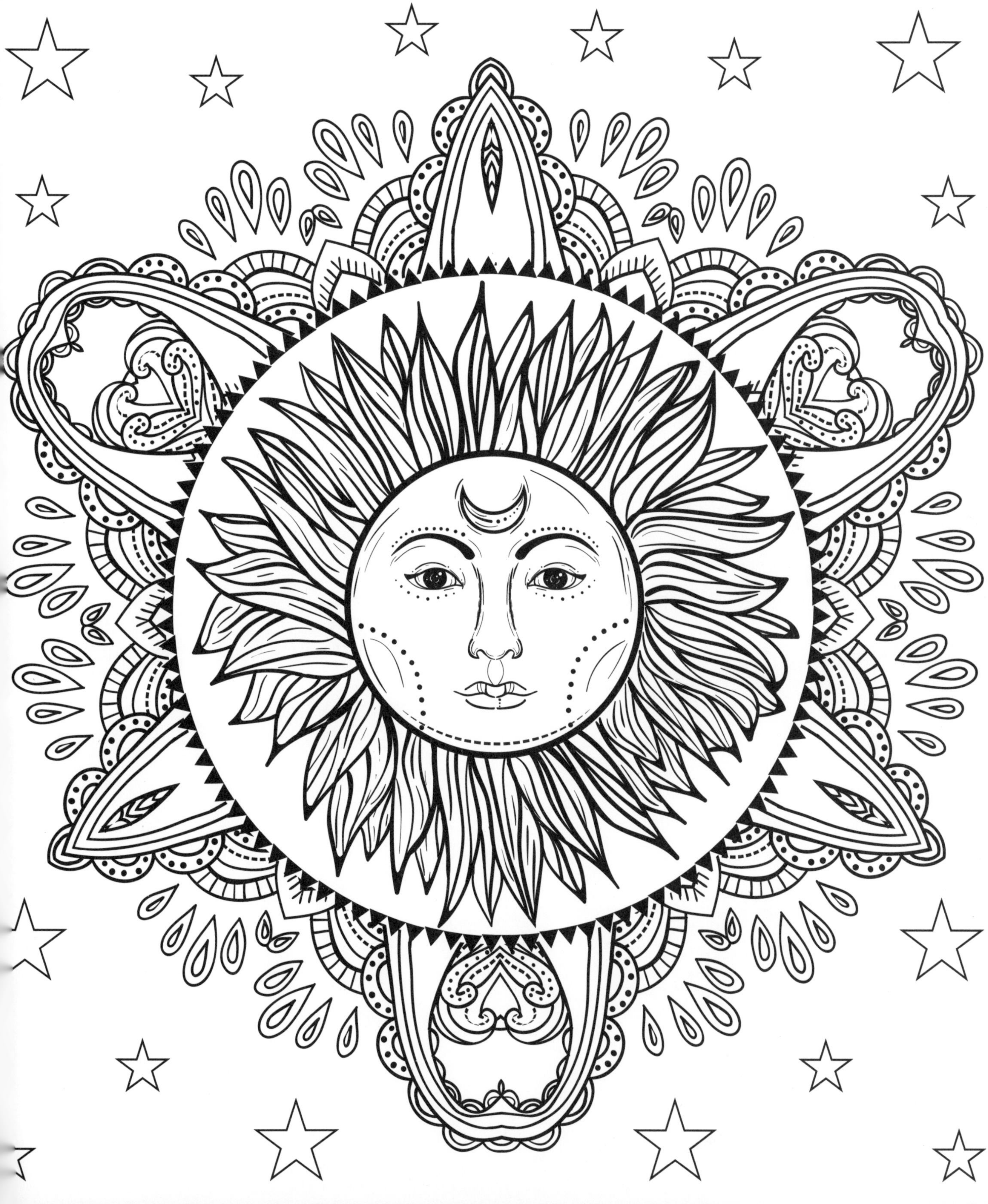

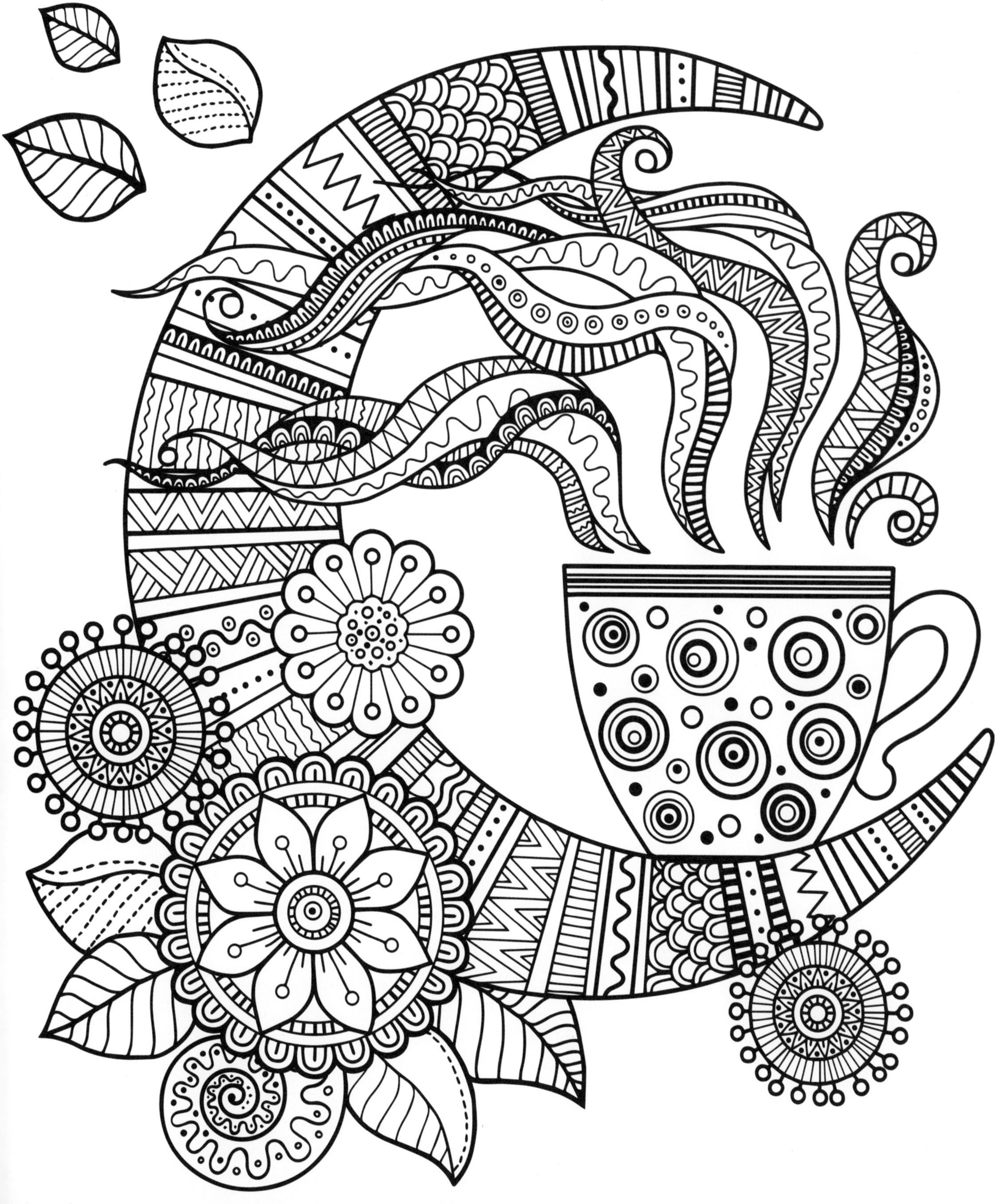

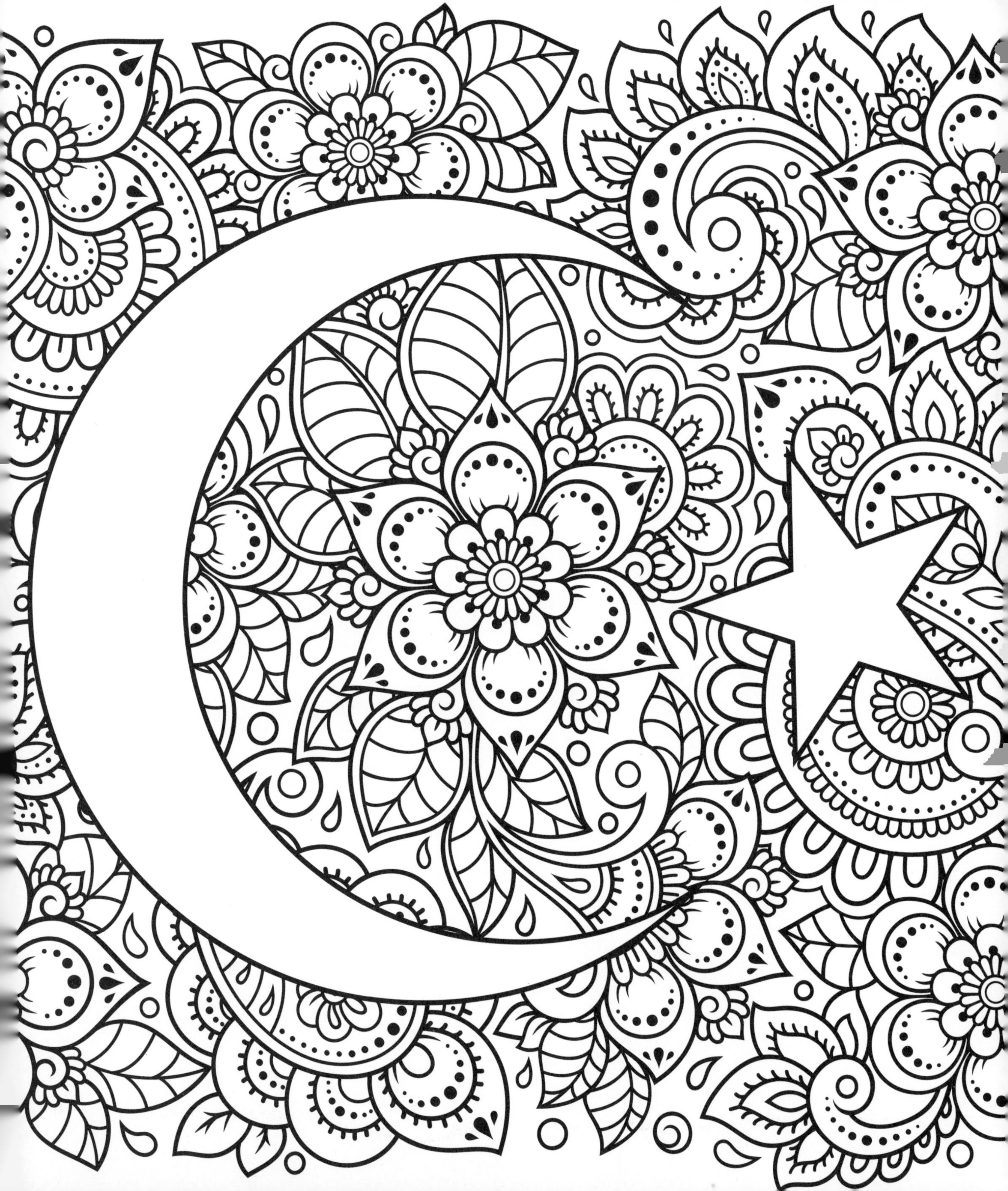

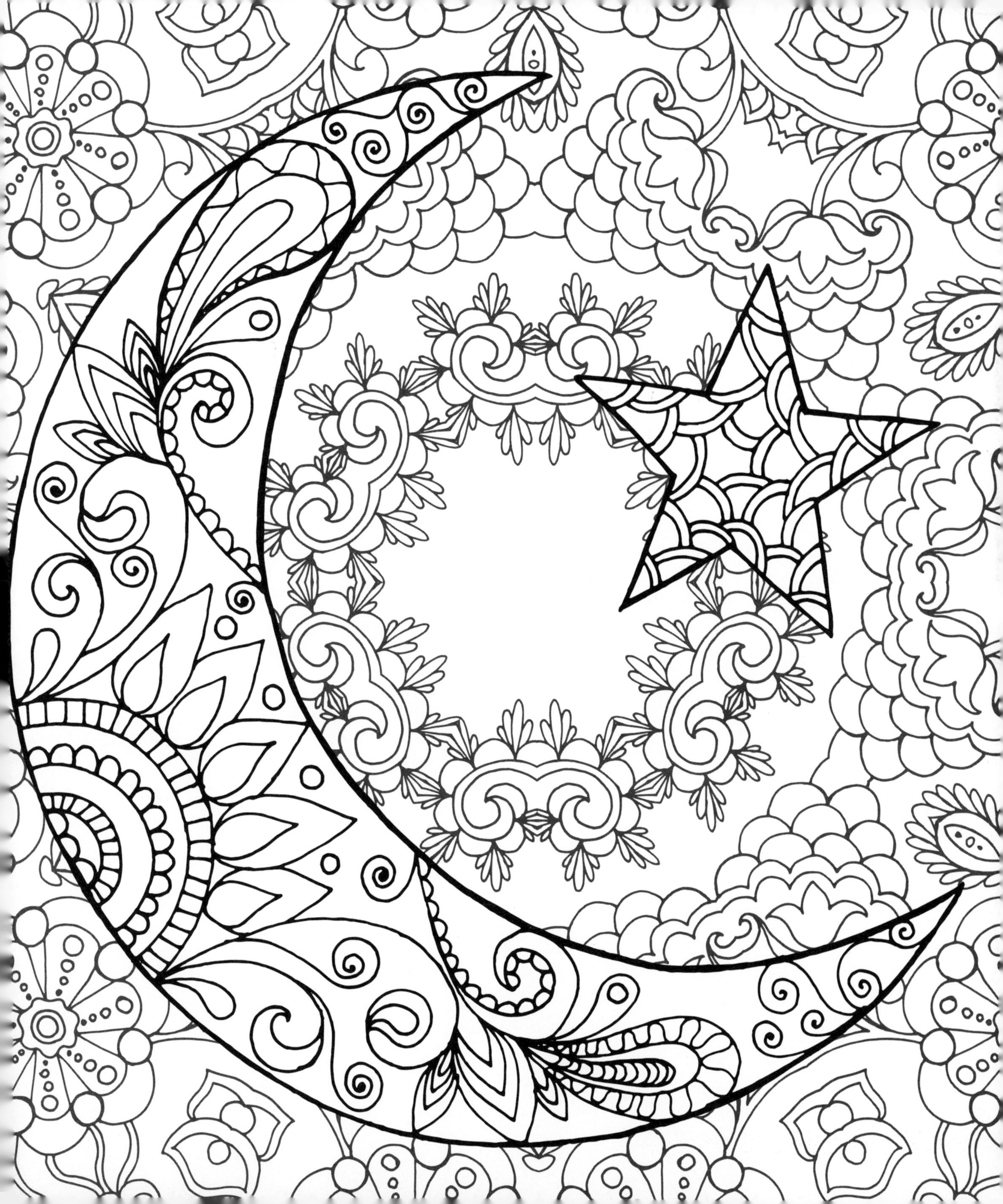

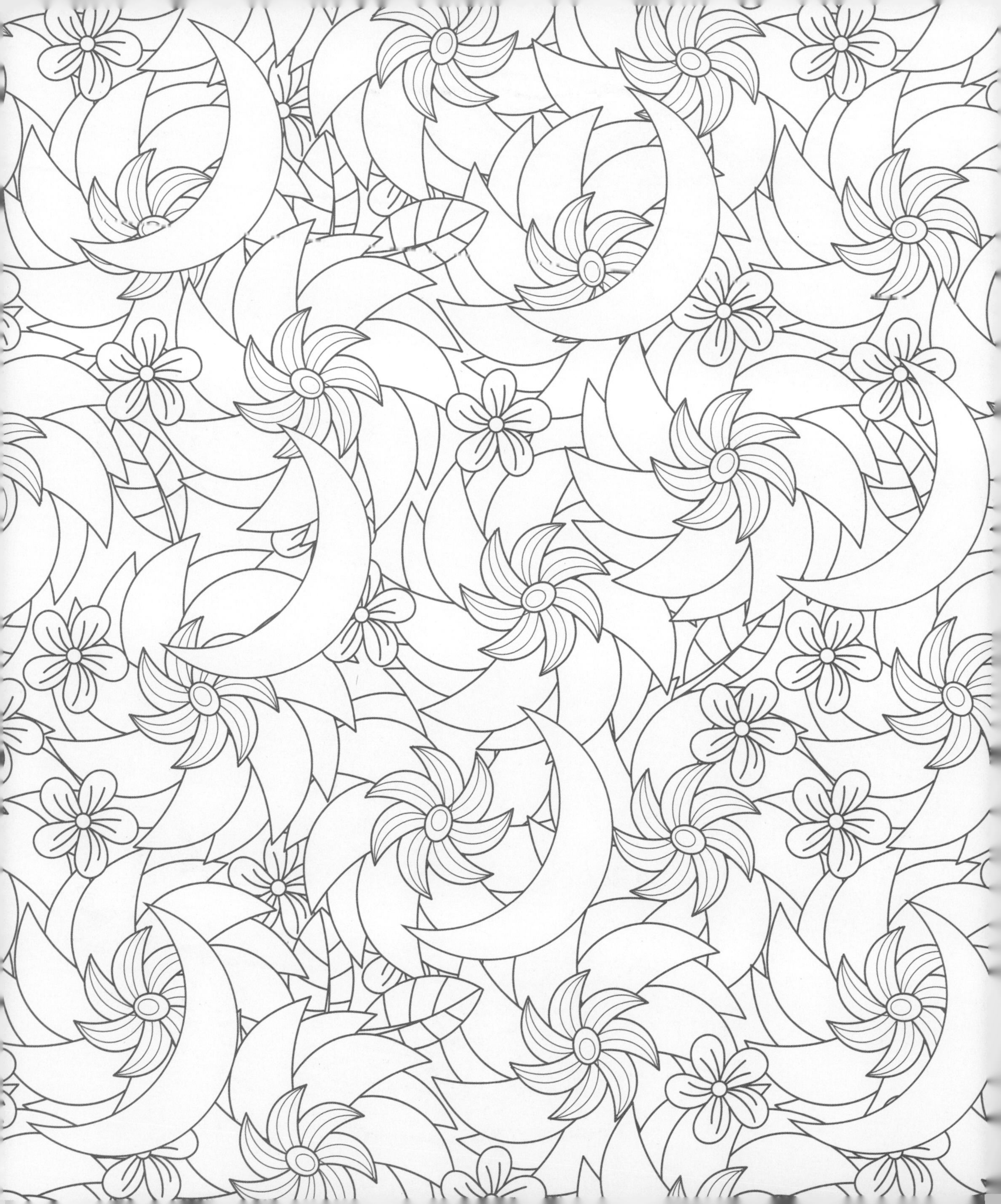

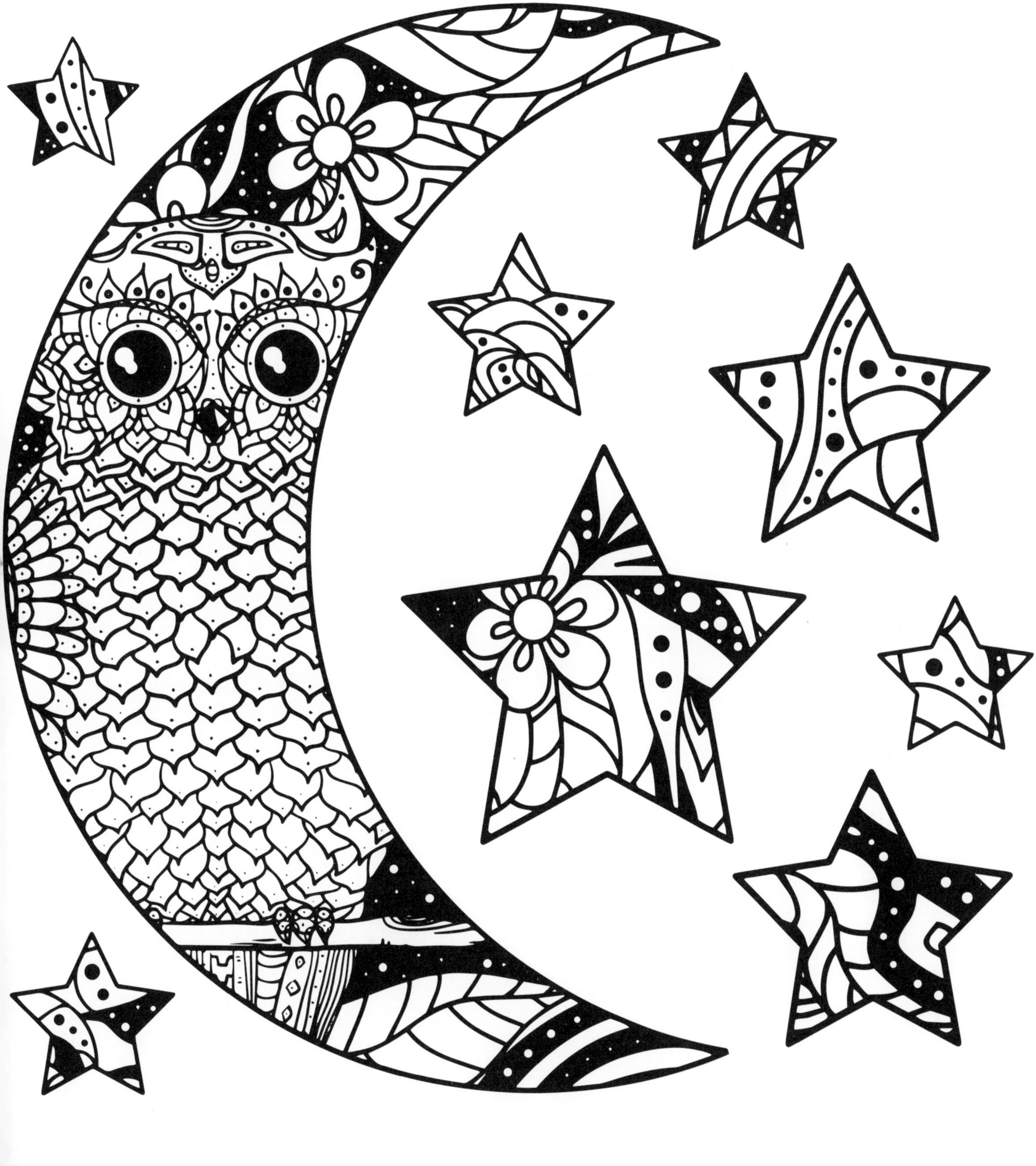

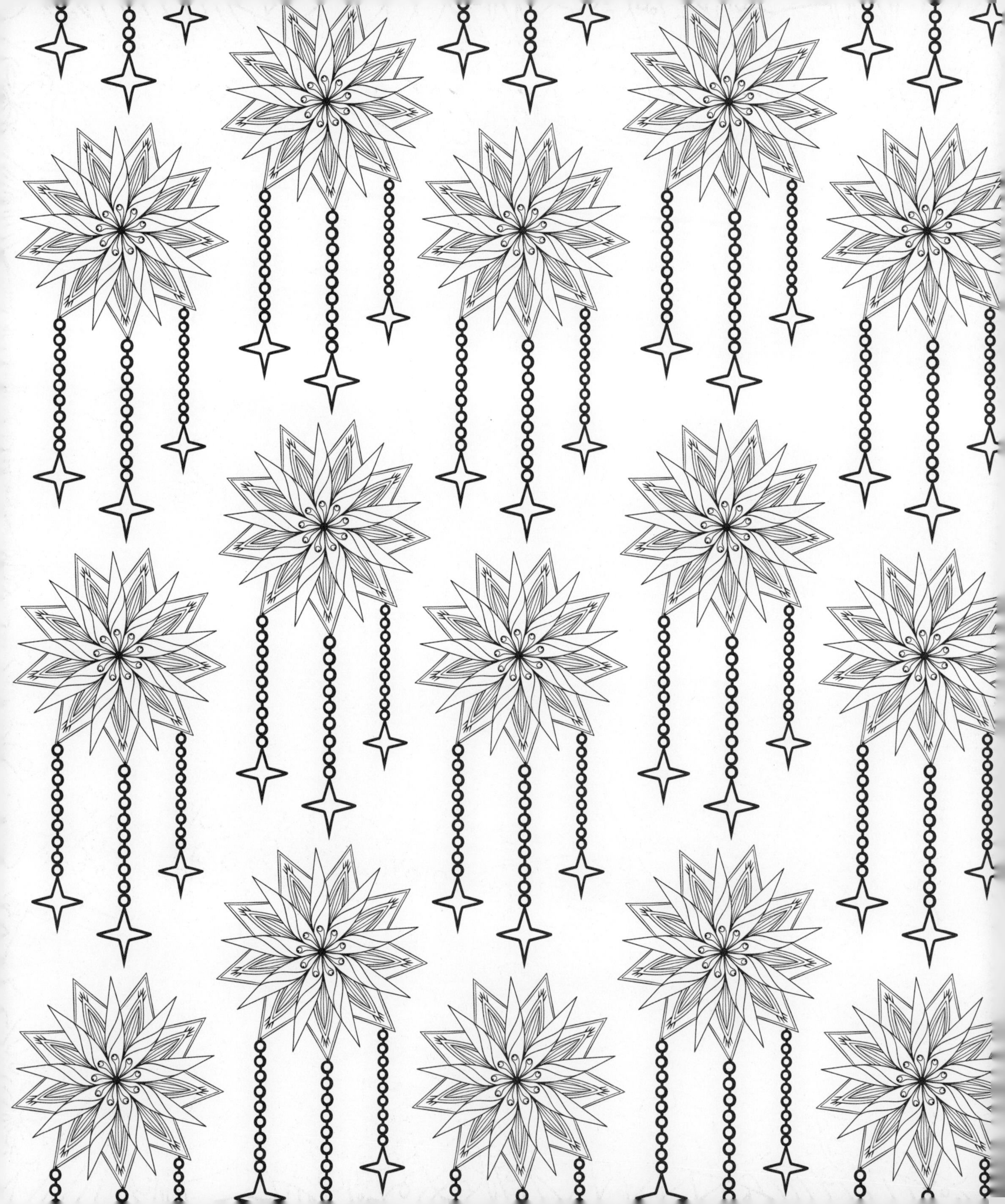

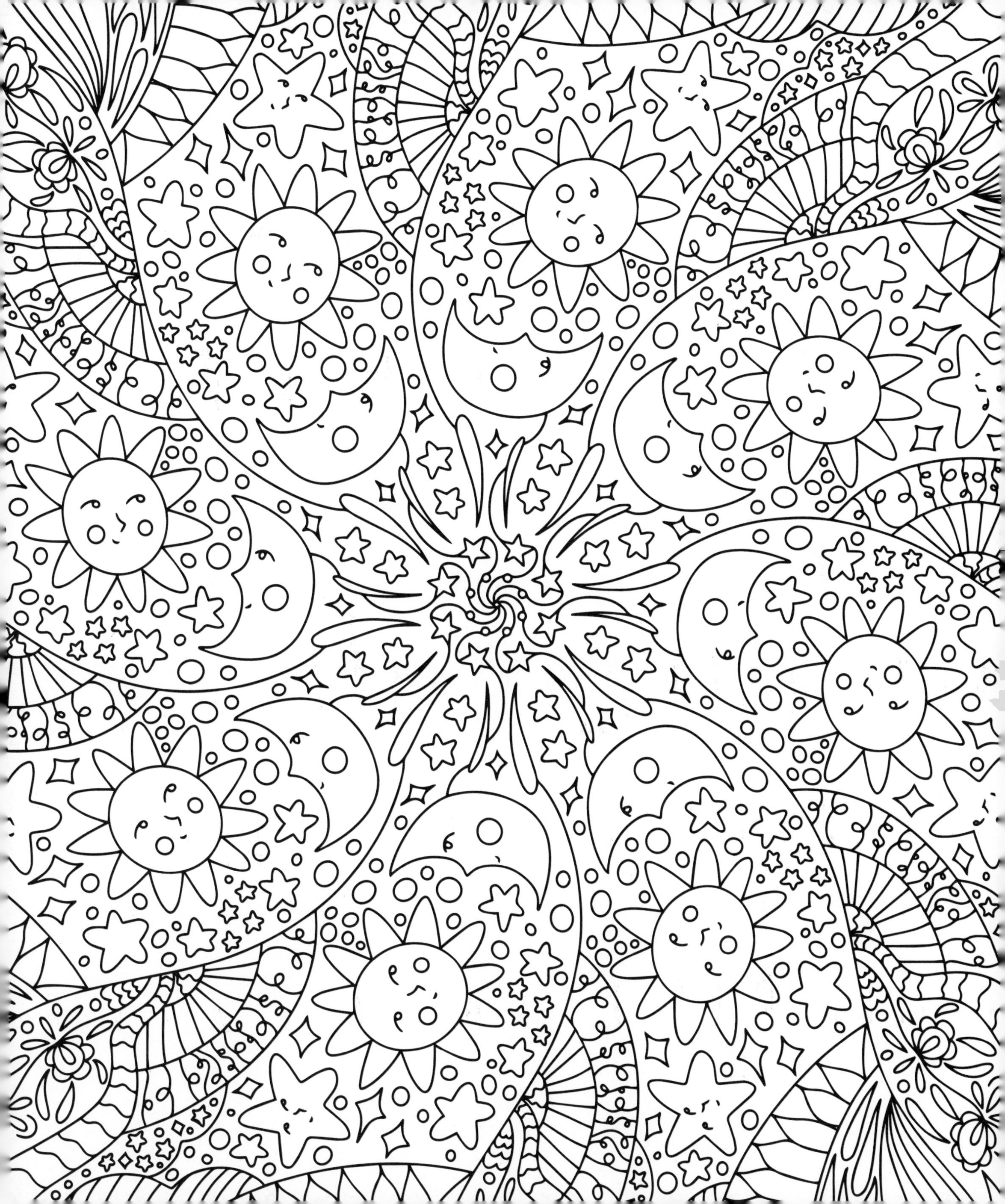

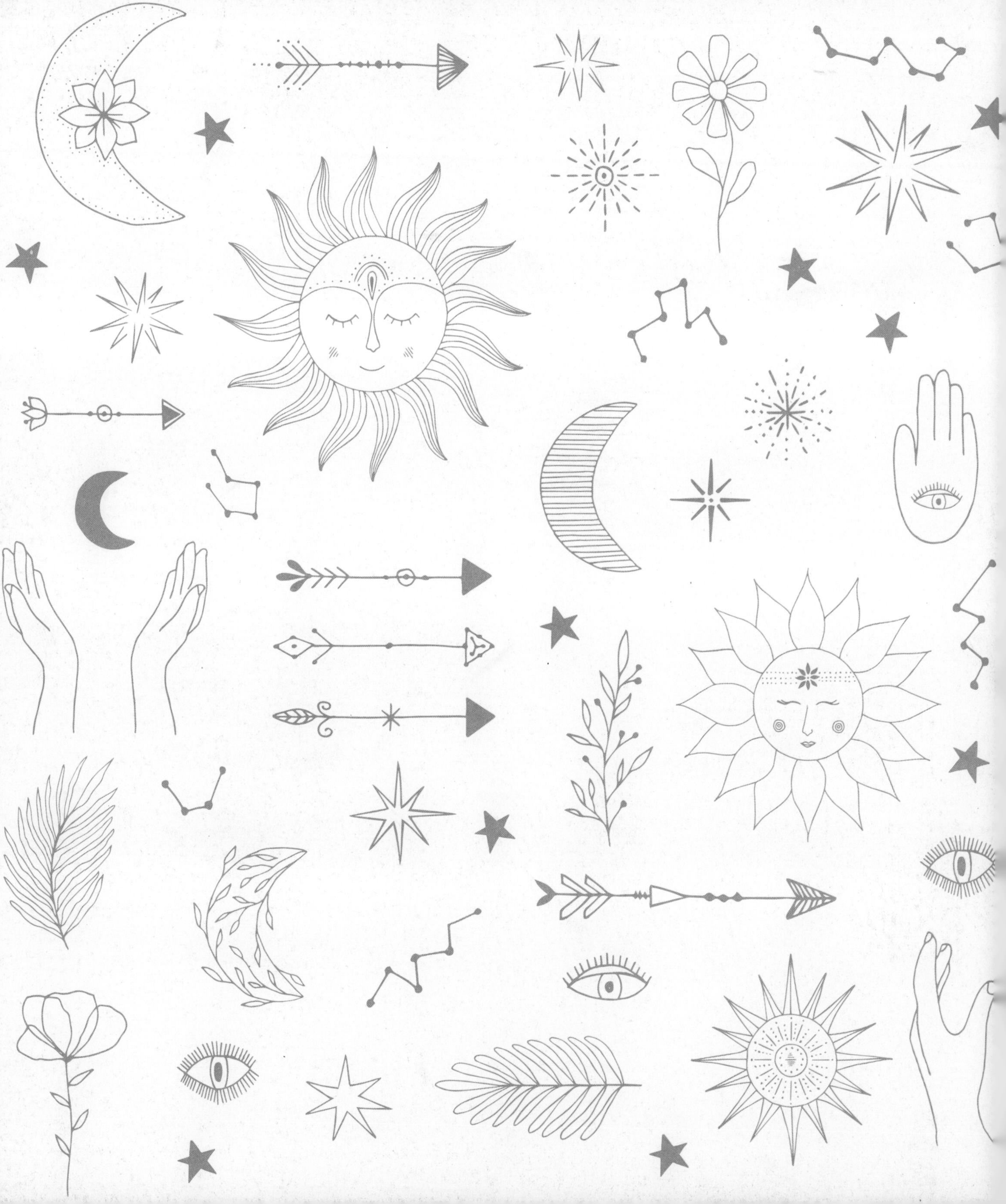